Lukas Jansen

Der Computer-Führerschein

Motivierende Materialien zur Vermittlung grundlegender Computerkenntnisse

PERSEN

Gedruckt auf umweltbewusst gefertigtem, chlorfrei gebleichtem und alterungsbeständigem Papier.

3. Auflage 2018

Illustrationen: Julia Flasche
Satz: Satzpunkt Ursula Ewert GmbH, Bayreuth

ISBN 978-3-403-23368-8

www.persen.de

Inhaltsverzeichnis

Training I

Training II

Inhaltsverzeichnis

Training III

Anhang

Die Arbeitsblätter basieren auf Windows 7, Word 2010 und Excel 2010. Lösungen zu den Arbeitsblättern können Sie unter folgendem Link kostenlos herunterladen: http://www.persen.de/loesungen-23368.html

Vorwort

Der Begriff „Medienkompetenz" ist nicht nur in den Lehrplänen, sondern auch in der aktuellen Diskussion ein zentraler Begriff. Immer schneller verändern sich die neuen Medien: Das Web 2.0 erlaubt es, ohne vertiefte Kenntnisse im Internet eigene Inhalte zu veröffentlichen, ein Computer mit Internetzugang steht in 77 % der privaten Haushalte in Deutschland, mehr als 61 % aller Berufstätigen nutzen alltäglich einen PC am Arbeitsplatz und die Informationsbeschaffung verläuft zunehmend über das World Wide Web. Nicht zuletzt das zusätzliche Aufkommen der mobilen Endgeräte wie Smartphones und Tablet-PCs verstärkt die Vernetzung von Computern in allen Lebensbereichen.
Kurzum: Ob in Schule, Freizeit oder später auch im Berufsleben: Grundlegende Computer-Kenntnisse sind heutzutage unentbehrlich. Dementsprechend fordern die Lehrpläne schon früh eine Heranführung der Schüler an die richtige Nutzung von PC und Internet von den ersten Schuljahren an.

Warum nun ein Computer-Führerschein für Schüler mit sonderpädagogischem Förderbedarf?

Den Führerschein für den Straßenverkehr erwirbt man mit einer Führerscheinprüfung. Man übt so lange, bis man die Prüfung besteht. Ebenso ist es beim Computer-Führerschein. Der Anreiz, einen Führerschein zu erhalten, bedeutet häufig eine zusätzliche Motivation für die Schüler. Natürlich bietet vielen Schülern auch schon allein der Lerngegenstand „Computer" einen hohen Anreiz und eine verstärkte Motivation, sich auf das Thema einzulassen und sich mit den neuen Medien zu beschäftigen. Doch besonders Schüler mit sonderpädagogischem Förderbedarf haben oft Schwierigkeiten beim Aufbau von Medienkompetenz. Genau hier hilft der Computer-Führerschein, Schritt für Schritt mehr Medienkompetenz aufzubauen.

Aufbau des Materials

Der Führerschein ist in die Kapitel Training I, II und III unterteilt. Die einzelnen Trainingsseiten sind klar und kleinschrittig aufgebaut. Die Anforderungen, die an die Schüler gestellt werden, steigen im Trainingsprogramm kontinuierlich an und erlernte Techniken werden weiter vertieft:

1. Beim Training I ist das Niveau der Trainingsseiten recht niedrig angesetzt, denn häufig sind es die fehlenden Grundlagen, die den Schülern die Aneignung schwierigerer Inhalte und Techniken erschweren. Themenschwerpunkt ist hier das Betriebssystem *Windows 7* und das Zurechtfinden in den darin laufenden Programmen.
   Bei leistungsschwächeren Schülern bietet es sich an (u.a. zum Vertiefen der motorischen Fähigkeiten im Umgang mit der Maus), diese an Lernsoftware zu den Unterrichtsthemen üben zu lassen. Im Anhang finden Sie darüber hinaus Verweise auf Internetseiten mit Spielen und Übungen, mithilfe derer Schüler ihre motorischen Fähigkeiten verbessern können (S. 114).
2. Beim Training II werden die Schüler an das Schreibprogramm *Word 2010*, an das Internet und die Browser Internet-Explorer 10, Mozilla Firefox und Safari herangeführt.
3. Das Training III geht über die Vermittlung von Techniken und Anleitungen zur Bedienung der Programme hinaus. Neben den „technical skills" (dem ersten Umgang mit dem Tabellenkalkulationsprogramm *Excel 2010*, der vertiefenden Arbeit mit *Word 2010* und dem ersten Kontakt mit E-Mails) stehen hier vor allem Bereiche wie Suchstrategien, die Erzeugung einer kritischen Haltung zum Inhalt von Internetseiten und zum Umgang miteinander im Internet im Vordergrund. Abschließend wird auch das Thema „Urheberrecht im Internet" angeschnitten.

Hinweise zum konkreten Einsatz des Materials

Das Arbeitstempo und die Lernvoraussetzungen von Schülern mit sonderpädagogischem Förderbedarf sind häufig sehr unterschiedlich. Die Arbeitsblätter sind deshalb durch ihre Kleinschrittigkeit so angelegt, dass jeder Schüler die Anleitungen und Aufgaben verstehen und selbstständig, z.B. in der Freiarbeit bearbeiten kann. Oben befindet sich auf den einzelnen Trainingsseiten meistens zunächst eine Schritt-für-Schritt-Anleitung, wie eine bestimmte Aktion durchgeführt wird. Im unteren Bereich finden Sie die zugehörigen Aufgaben, bei denen die Schüler selbst aktiv werden müssen. Hier werden Übungsanlässe geboten, mit denen die Schüler frisch gewonnene Fähigkeiten vertiefen können. Auch bei folgenden Trainingsseiten werden diese Fähigkeiten gemäß eines Spiral-Curriculums wieder aufgegriffen.

Vorwort

Nicht alle Kinder müssen jedes Blatt zur gleichen Zeit bearbeiten. Aufgrund des aufeinander aufbauenden Kurscharakters der Arbeitsblätter sollten die Schüler jedoch nach und nach alle Blätter erhalten. Sollte die entsprechende Software (siehe Softwareauswahl) auf dem Familien-PC der Schüler zu Hause installiert sein, können die Schüler die Arbeitsblätter auch als Hausaufgabe bearbeiten. Voraussetzung ist dabei, dass die Schüler einen USB-Stick zum Datentransport der Arbeitsergebnisse besitzen. Die Arbeitsergebnisse werden nämlich häufig als Datei in einem von den Schülern selbst erstellten Ordner abgespeichert.
Die optimale Arbeitsweise mit dem Computer-Führerschein würde so aussehen, dass die Schüler die Arbeitsblätter individuell bearbeiten und sich nach absolviertem Training freiwillig zur Prüfung melden, wenn sie das Gefühl haben, die entsprechenden Voraussetzungen erreicht zu haben.
Je nach Leistungsniveau der Schüler kann auch nur ein Kapitel / eine Prüfung bearbeitet werden und in den folgenden Schuljahren die weiteren Kapitel einzeln eingesetzt werden. Nach der erfolgreichen Prüfung können Sie dann jeweils die Kopie des Blanko-Führerscheins auf Seite 111 ausfüllen und an die Schüler vergeben. Wurden jedoch alle drei Prüfungen absolviert, können Sie den Führerschein ausgeben, der alle drei Prüfungsteile beinhaltet (S. 112). Die Führerscheine werden jeweils auseinandergeschnitten und können dann in der Mitte zusammengeklebt werden.
Damit Sie als Lehrkraft den Überblick behalten, an welcher Stelle des Trainings die Schüler jeweils sind, erhalten Sie im Anhang für die jeweiligen Stufen Übersichtslisten (S. 105).
Ein kleines Computer-Lexikon, das die Schüler im Laufe der Arbeit mit eigenen Definitionen zu den wichtigsten Begriffen füllen können, soll zusätzlich das erfolgreiche Bestehen der Prüfung ermöglichen. Auf den Seiten 103 und 104 ist die Vorlage dafür zu finden. (Bastelanleitung: Blätter doppelseitig kopieren, an der gestrichelten Linie durchschneiden, Blätter in der Mitte falten, in der Reihenfolge der Nummern zum Heft zusammenlegen und das Heft klammern)
Über den Link http://www.persen.de/loesungen-23368.html können kostenlos Lösungen zu den Arbeitsblättern herunter geladen werden, sodass die Schüler sich selbstständig kontrollieren können.

Die Softwareauswahl

Damit der Computer-Führerschein ohne große Einschränkungen verwendet werden kann, wurde auf gängige Software geachtet. Mit Windows 7 wurde ein heute häufig genutztes Betriebssystem verwendet. Außer dem weit verbreitetem *Microsoft Office 2010* sind alle weiteren im Computer-Führerschein verwendeten Programme im Lieferumfang von *Windows 7* enthalten oder können kostenlos aus dem Internet heruntergeladen werden.
Grundsätzlich sollten für die Bearbeitung der Arbeitsblätter ein Internetanschluss vorhanden sowie ein Browser auf aktuellstem Stand installiert sein. (Je nachdem, welcher Browser auf den Schul-PCs installiert ist, müssen bei Training III entweder die Trainingseiten 28/1, 28/2 oder 28/3 absolviert werden.) Bei Browsern gibt es immer wieder Aktualisierungen oder neue Versionen, die teilweise automatisch installiert werden und leider auch Auswirkungen auf die Durchführung der Arbeitsblätter haben. Prüfen Sie deshalb vor dem Einsatz des Computer-Führerscheins, ob die abgedruckten Arbeitsblätter ohne Korrektur verwendet werden können.

Heute hier, morgen dort

Das Internet ist schnelllebig. Gestern noch aktuelle und aktive Seiten sind einen Tag später manchmal schon nicht mehr erreichbar oder durch andere Inhalte ersetzt worden. Trotz der Auswahl von langlebigen Kinder-Suchmaschinen und Webangeboten sollten Sie vor Verwendung der Arbeitsblätter die Lösbarkeit der Aufgaben immer wieder einmal prüfen. Die Linkliste im Anhang (Seite 114) zeigt Ihnen mögliche Alternativen auf, die Sie anstelle der auf den Arbeitsblättern genannten Internetseiten verwenden und vermerken können.

Viel Erfolg – und dass alle ihre Schüler die Prüfungen bestehen

wünscht Ihnen

Lukas Jansen

Was ist was beim Computer? (1)

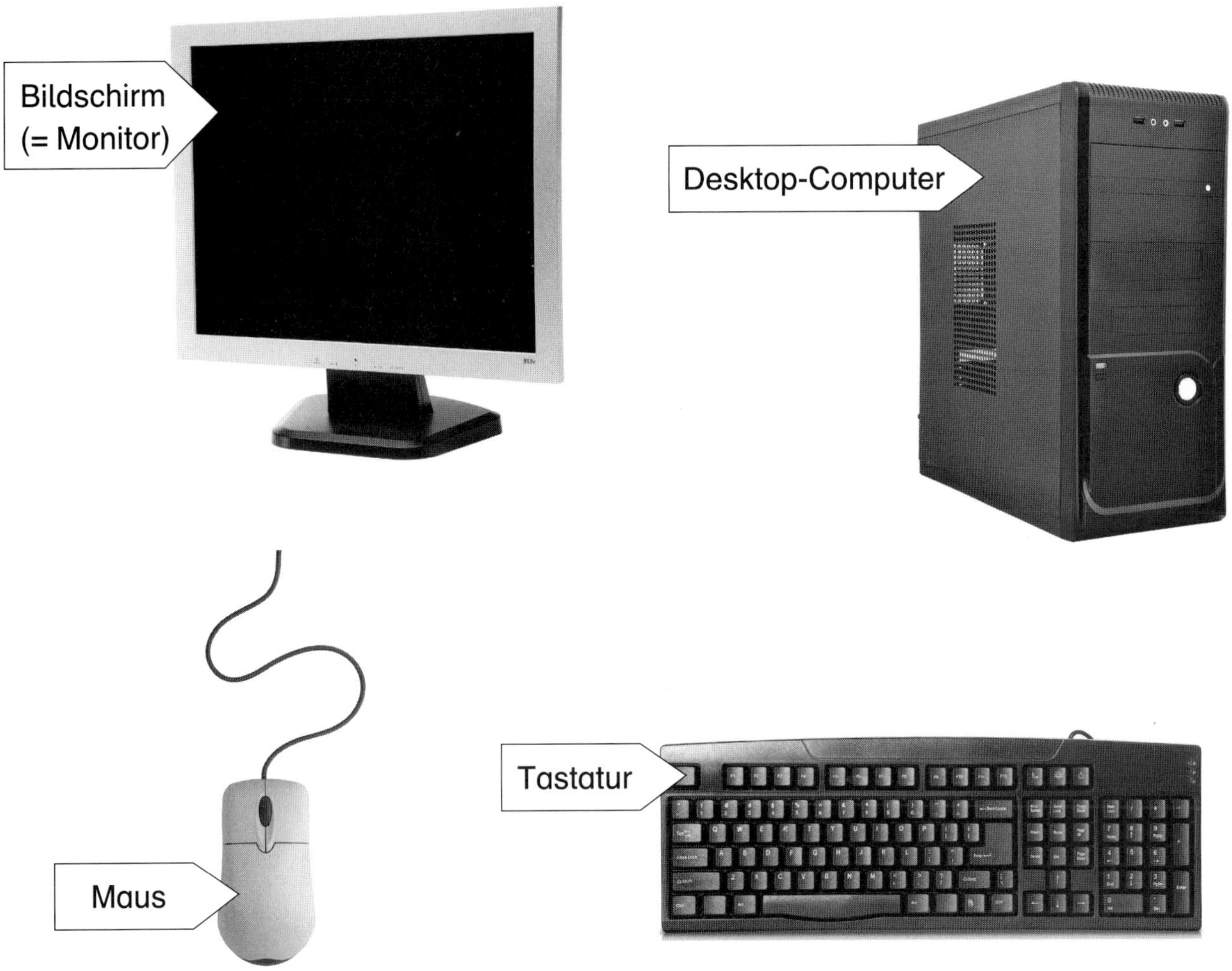

Einschalten des Computers

Damit du mit dem Computer arbeiten kannst, musst du ihn zuerst einschalten.
Dafür drückst du einfach auf den Einschaltknopf.

Mit dem Einschalten des Computers geht der Bildschirm (= Monitor) meistens gleich mit an.
Manchmal musst du ihn aber auch zusätzlich einschalten.

Aufgabe 1

Schalte deinen Computer ein.
Ist auch der Bildschirm an? Wenn nicht, schalte auch ihn ein.

Was ist was beim Computer? (2)

Aufgabe 2

Ordne die Begriffe den richtigen Bildern zu. Verbinde dazu die Wörter mit dem passenden Bild.

Bildschirm (= Monitor)	Desktop-Computer	Tastatur	Maus

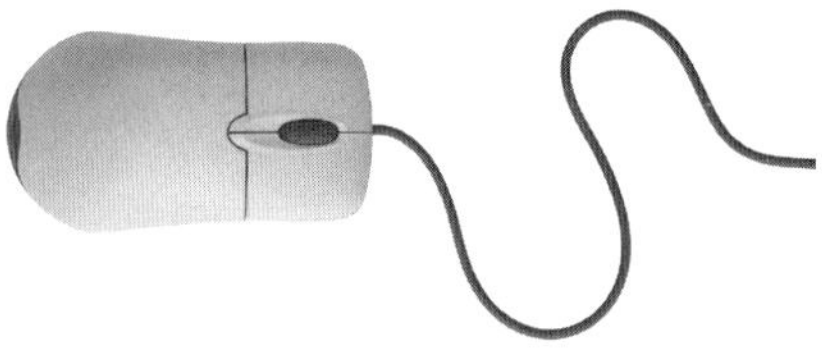

Aufgabe 3

Ergänze die Lücken im Text.

Um mit deinem ____________________ arbeiten zu können, musst du ihn zuerst ____________________. Dafür drückst du einfach auf den ____________________.

Mit dem Einschalten des Computers geht der Bildschirm (= ____________________) meistens gleich mit an. Manchmal musst du ihn aber auch zusätzlich einschalten.

Was ist was beim Laptop?

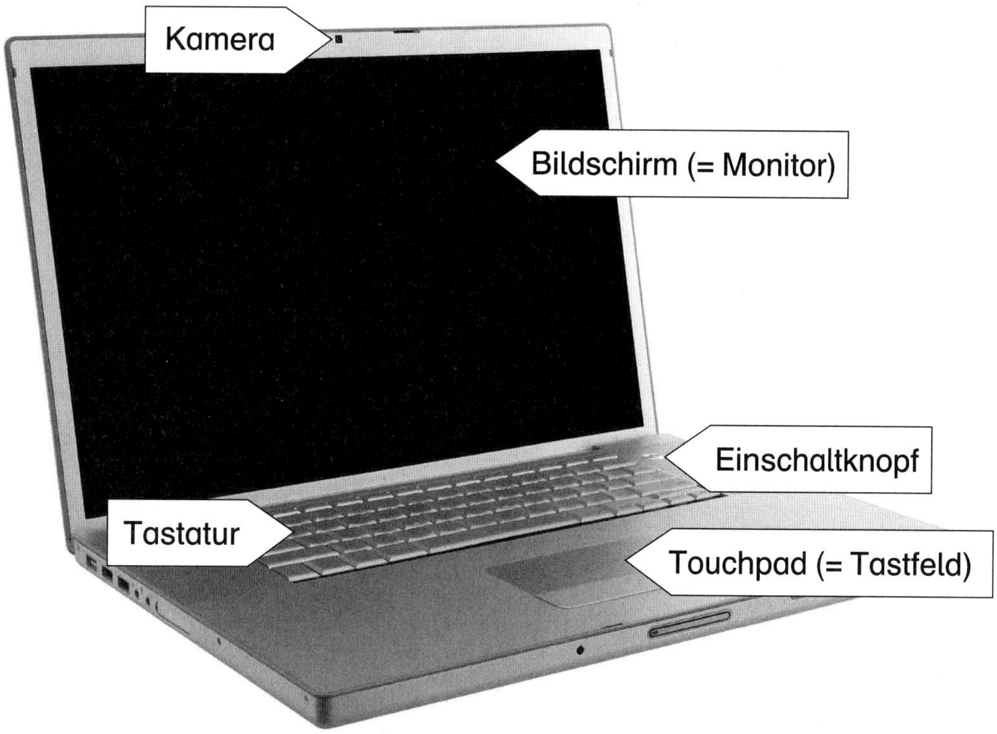

Einschalten des Laptops

Damit du mit dem Laptop arbeiten kannst, musst du ihn zuerst einschalten. Dafür drückst du einfach auf den Einschaltknopf.

Aufgabe 1

Schalte deinen Laptop ein.

Aufgabe 2

Was gehört alles zu einem Laptop? Kreuze an.

1. Bildschirm ☐ ja ☐ nein
2. Tastatur ☐ ja ☐ nein
3. Maus ☐ ja ☐ nein
4. Einschaltknopf ☐ ja ☐ nein
5. Kamera ☐ ja ☐ nein

Umgang mit der Maus (1)

Mit der Maus kannst du deinem Computer Befehle geben.

Die Maus hat meistens zwei Tasten.

Wenn du die Maus bewegst, bewegt sich der Mauszeiger

(= Cursor)  auf dem Bildschirm.

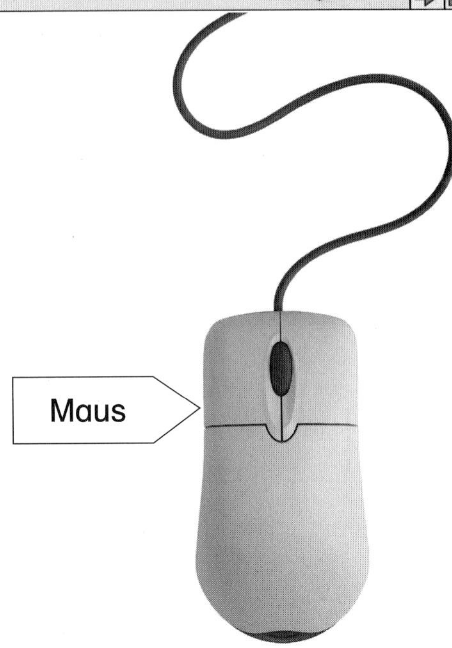

Der Bereich, in dem sich der Mauszeiger auf dem Bildschirm bewegt, wird auch Arbeitsoberfläche (= Desktop) genannt.

Aufgabe 1

Was bedeuten die folgenden Begriffe? Kreuze die richtige Antwort an:

1. Cursor = ☐ Mauszeiger ☐ Maustaste
2. Desktop = ☐ Tastatur ☐ Arbeitsoberfläche

Aufgabe 2

1. Bewege den Mauszeiger auf den Startknopf (= Start-Button, sprich „Start-Battn“) .

   Du findest ihn unten links auf der Arbeitsoberfläche.

2. Drücke (= klicke) einmal auf die linke Taste der Maus.

   Was passiert? Unterstreiche die richtige Antwort.

   a) Der Computer schaltet sich aus.

   b) Es öffnet sich das Startmenü.

Immer, wenn du im Folgenden das Wort „klicken“ liest, ist ein einmaliger Linksklick gemeint.

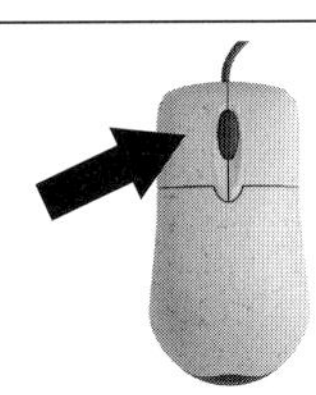

Umgang mit der Maus (2)

Aufgabe 3

1. Bewege den Mauszeiger auf das Symbol (= Zeichen, Bild) *Papierkorb.*

2. Klicke jetzt zweimal **schnell hintereinander** die linke Maustaste („Doppelklick"), ohne dass du die Maus bewegst.

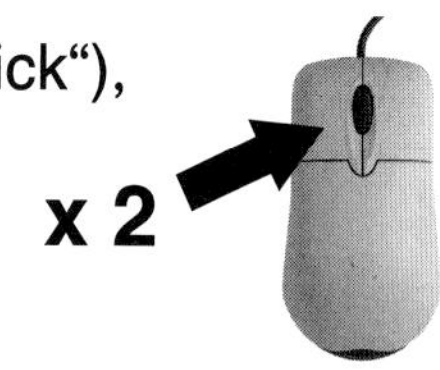

3. Was passiert? Schreibe auf.

____

____

____

Aufgabe 4

1. Bewege den Mauszeiger auf das Symbol *Papierkorb.*

2. Drücke nun die linke Maustaste und halte sie dabei gedrückt.

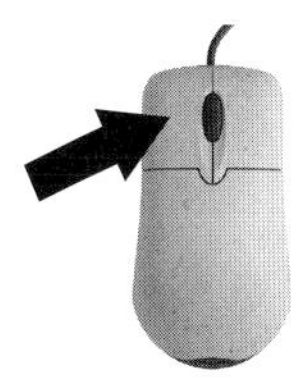

3. Bewege nun mit der gedrückten linken Maustaste die Maus.
4. Lasse dann die Taste los.

Was ist passiert?
Male den Punkt hinter der richtigen Antwort grün aus.
Male den Punkt hinter der falschen Antwort rot aus.

a) Das Symbol *Papierkorb* hat sich zusammen mit dem Mauszeiger über die Arbeitsoberfläche (= Desktop) bewegt. ○

b) Das Symbol *Papierkorb* ist verschwunden. ○

Umgang mit der Maus (3)

Aufgabe 5

Ergänze die Lücken im Text.

Mit der ____________________ kannst du deinem Computer Befehle geben.

Die Maus hat meistens ____________________ Tasten.

Wenn du die Maus bewegst, bewegt sich der ____________________ (= Cursor) auf dem Bildschirm.

Der Bereich, in dem sich der Mauszeiger auf dem ____________________ bewegt, wird auch Arbeitsoberfläche (= ____________________) genannt.

Aufgabe 6

Verbinde jeweils zwei Textkästen zu einem richtigen Satz.

Wenn du auf den Startknopf klickst,	Arbeitsoberfläche des Computers.
Der Begriff „Desktop“ beschreibt die	der Mauszeiger gemeint.
Mit dem Cursor ist	öffnet sich das Startmenü.

Ausschalten des Computers

Nach der Arbeit am Computer musst du ihn natürlich auch wieder ausschalten.
Das wird auch „Herunterfahren“ genannt.

> *Schalte den Computer nie mit den Knöpfen am Computer-Gehäuse aus.*

Das Ausschalten des Computers geht so:

1. Klicke ganz links unten auf den Startknopf (= Start-Button).
2. Klicke dann auf *Herunterfahren.*
3. Der Computer schaltet sich nun aus.

Aufgabe 1

Fahre den Computer herunter.

Aufgabe 2

Schalte den Computer wieder ein.
Klicke auf den Startknopf. Klicke nun auf den kleinen Pfeil rechts neben *Herunterfahren.*
Es gibt nun sechs Möglichkeiten zur Auswahl. Probiere jede aus und schreibe auf, was passiert.

1. *Benutzer wechseln*: ______________________________
2. *Abmelden*: ______________________________
3. *Sperren*: ______________________________
4. *Neu starten*: ______________________________
5. *Energie sparen*: ______________________________
6. *Ruhezustand*: ______________________________

Programme starten und schließen

Auf deinem Computer sind meistens schon viele verschiedene Programme eingerichtet (= installiert).

Zum Beispiel: *Rechner*, *Paint* und *Windows-Explorer*.

Um das Programm „Rechner“ (= Taschenrechner) zu öffnen, musst du Folgendes machen:

1. Klicke auf den Startknopf.
2. Bewege den Mauszeiger nun auf *Alle Programme* und klicke darauf.
3. Im Ordner *Alle Programme* findest du den Unterpunkt *Zubehör/Accessories.* Klicke ihn an.
4. Nun musst du nur noch auf *Rechner* klicken. Fertig!

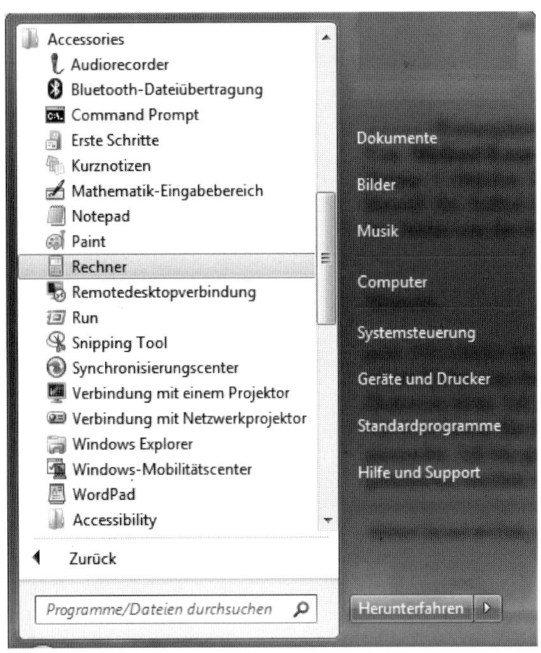

Aufgabe 1

Öffne das Programm „Rechner“.

Rechne die folgende Aufgabe mit dem Rechner: 365 · 25 + 200 = ______________

Aufgabe 2

Schließe den Rechner (= Taschenrechner). Klicke dafür auf den -Button oben rechts.

Wichtige Begriffe rund um den Computer

Aufgabe

Verbinde die zueinander passenden Begriffe wie im Beispiel:

Beispiel: einrichten	Start-Button
Mauszeiger	tragbarer Computer
Touchpad	installieren
drücken	Cursor
Symbol	Tastfeld
Rechner	Monitor
Startknopf	Taschenrechner
Desktop	Zeichen, Bild
Bildschirm	klicken
Laptop	Arbeitsoberfläche

Ein Bild malen mit Paint

Mit deinem Computer kannst du, genau wie mit einem Bleistift oder mit Buntstiften, Bilder malen und gestalten. Dafür gibt es auf deinem Computer ein spezielles Programm, das *Paint* heißt.

Aufgabe 1

Was heißt *Paint* auf Deutsch?

Paint = ____________________

Aufgabe 2

1. Starte *Paint.*
2. Klicke dazu auf den Startknopf und dann auf *Alle Programme.*
3. Du findest das Programm unter *Zubehör/Accessories.*
4. Wenn du auf das Programm *Paint* geklickt hast, erscheint auf dem Bildschirm folgendes Fenster:

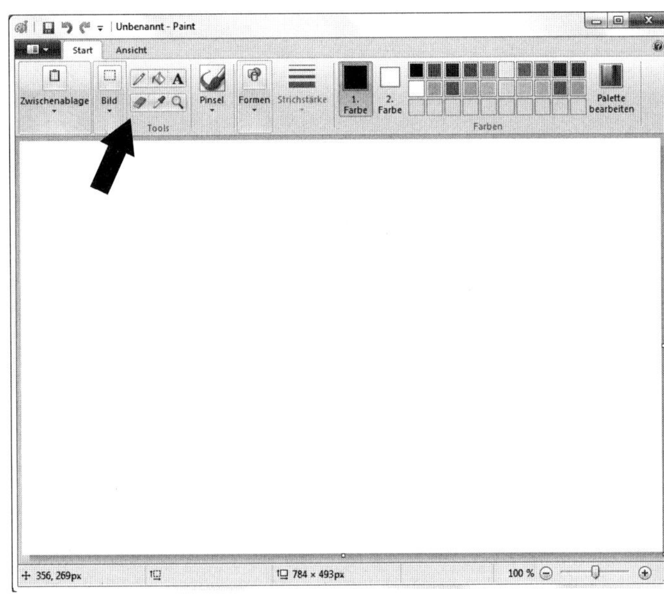

5. In der sogenannten *Menüleiste* oben findest du verschiedene Symbole. Probiere sie aus, indem du auf sie klickst.
6. Male das „Blatt" an.

Aufgabe 3

Zeichne ein Smiley.
Es soll einen gelben Hintergrund haben.

TIPP! *Klicke dazu auf den kleinen Eimer* !

Einführung Tastatur (1)

Mit deiner Tastatur kannst du auf dem Computer schreiben oder deinem Computer Befehle geben, so wie auch mit der Maus.

Aufgabe 1

1. Starte das Programm *Paint*.
2. Hier findest du einen Button (= Knopf), auf dem nur ein A zu sehen ist. Klicke auf das A und dann auf die große weiße Fläche auf dem Bildschirm.
3. Es öffnet sich ein sogenanntes Textfenster.
4. Schreibe folgenden Satz ab:

```
in paint zeichne ich lieber.
zum schreiben nehme ich ein
anderes programm.
```

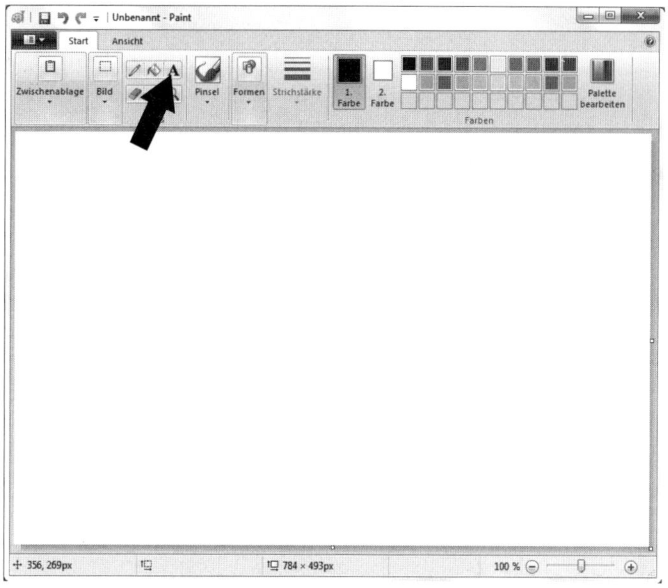

Auf der Tastatur findest du neben den Buchstaben des Alphabets noch viele weitere Tasten.

Aufgabe 2

Welche Tasten kannst du noch auf der Tastatur entdecken? Zeichne sie auf.

Einführung Tastatur (2)

 Wenn du die ***Space*-Taste** drückst, erscheint ein Leerzeichen.

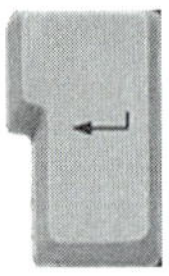

Wenn du die ***Enter*-Taste** drückst, schreibst du in einer neuen Zeile weiter. In anderen Programmen, zum Beispiel im Rechner, kann die Enter-Taste auch Eingaben abschließen. Wenn du dort eine Aufgabe rechnen willst, kannst du nach der Eingabe der letzten Zahl die ***Enter*-Taste** drücken, und das Ergebnis erscheint.

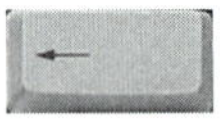

Mit der ***Backspace*-Taste** kannst du einzelne Buchstaben löschen, wenn du etwas falsch geschrieben hast. Es wird immer der zuletzt geschriebene Buchstabe gelöscht.

Mit der ***Shift*-Taste** kannst du Großbuchstaben schreiben. Dazu drückst du gleichzeitig auf die Shift-Taste und auf den Buchstaben, der großgeschrieben werden soll.

Aufgabe 3

Starte das Programm *Paint*. Öffne das Textfenster.

Schreibe einen kurzen Text und probiere jede der vier Tasten aus.

Aufgabe 4

Verbinde die zueinander passenden Namen und Bilder.

Space-Taste ●	
Enter-Taste ●	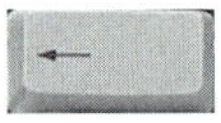
Backspace-Taste ●	
Shift-Taste ●	

Einführung Tastatur (3)

Aufgabe 5

Ergänze die Lücken im Text. Folgende Begriffe müssen eingesetzt werden:

Zeile	Ergebnis	Groß	löschen	gleichzeitig	Leerzeichen	Rechner

Auf der Tastatur gibt es einige besonders wichtige Tasten. Dazu gehört auch die *Backspace*-Taste. Mit ihr kannst du einzelne Buchstaben ____________, wenn du etwas falsch geschrieben hast. Es wird immer der zuletzt geschriebene Buchstabe gelöscht. Auch die *Space*-Taste benutzt man häufig: Wenn du sie drückst, erscheint im Textfeld ein ____________.

Wenn du beim Schreiben die *Enter*-Taste drückst, kannst du in einer neuen ____________ weiterschreiben.

In anderen Programmen, zum Beispiel im ____________, kann die *Enter*-Taste auch Eingaben abschließen.

Wenn du dort eine Aufgabe rechnen willst, kannst du nach der Eingabe der letzten Zahl die *Enter*-Taste drücken und das ____________ erscheint.

Um ____________buchstaben zu schreiben, benutzt du die *Shift*-Taste zusammen mit dem gewünschten Buchstaben. Dazu drückst du ____________ auf die *Shift*-Taste und auf den Buchstaben, der großgeschrieben werden soll.

Aufgabe 6

Beschrifte in der Tastatur die fehlenden Tasten: *Space*-Taste, *Enter*-Taste, *Backspace*-Taste, *Shift*-Taste. Tipp: Eine Taste gibt es zwei Mal.

Speichern von Dateien

Wenn du ein Bild mit *Paint* gemalt hast, musst du es abspeichern, damit nichts verloren geht. Mit diesem Vorgang erstellst du eine Datei, die du später wieder öffnen kannst. An dieser Datei kannst du dann weiterarbeiten.

1. Bewege den Mauszeiger auf die sogenannte *Symbolleiste für den Schnellzugriff.*

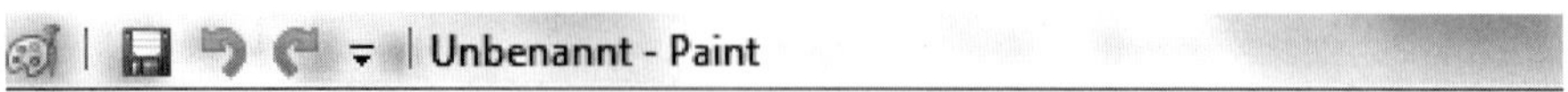

2. Klicke auf das Symbol *Speichern* .

   Wenn du dein Bild zum ersten Mal speicherst, öffnet sich dieses Fenster.

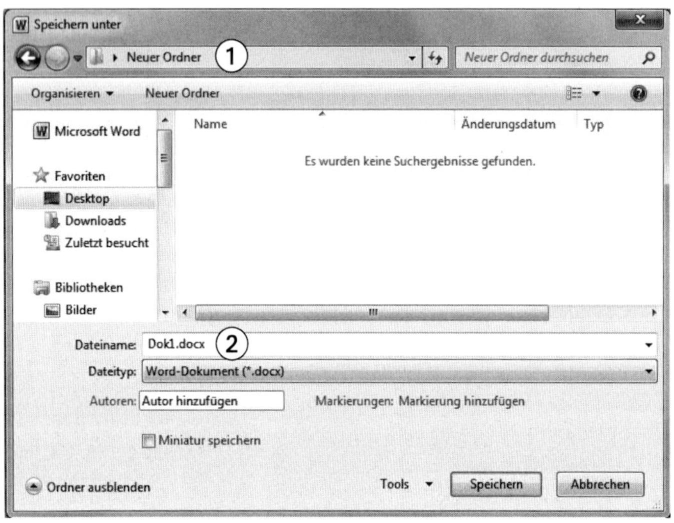

3. Hier kannst du auswählen,

   ① wo du die Datei speichern willst und

   ② wie deine Datei heißen soll.

   Wenn du dein Bild schon einmal gespeichert hast, kannst du einfach auf *Speichern* klicken. Das Bild wird dann wieder an dem von dir ausgesuchten Ort und unter dem von dir bestimmten Namen gespeichert.

> *Wenn du zum zweiten Mal auf Speichern klickst, überschreibt der Computer die alte Datei. Das heißt, du kannst Änderungen jetzt nicht mehr zurücknehmen.*

Aufgabe

Es gibt auch die Möglichkeit, das Bild mithilfe der Tastatur zu speichern.
Dazu drückst du gleichzeitig die Tasten Strg + S. Probiere es aus.

Beenden von Programmen

Um Programme wie zum Beispiel *Paint* zu beenden, gibt es mehrere Möglichkeiten. Du kannst zum Beispiel oben links in der Menüleiste auf die *Paint*-Schaltfläche klicken und dann *Beenden* auswählen.

Aufgabe 1

Starte *Paint*. Erstelle ein neues Bild. Speichere das Bild nicht ab.
Klicke jetzt auf die *Paint*-Schaltfläche und dann auf *Beenden*. Was passiert?

___

___

___

Aufgabe 2

Erstelle ein neues Bild. Was passiert, wenn du die Taste Alt (links neben der *Space*-Taste in der untersten Reihe) und die Taste F4 (oben links) gleichzeitig drückst?

___

___

___

Aufgabe 3

Erstelle ein neues Bild. Was passiert, wenn du mit der Maus oben rechts auf das X klickst?

___

___

___

Öffnen einer Datei

Du hast mit *Paint* ein Bild erstellt und es abgespeichert. Nun möchtest du an deinem Bild weiterarbeiten.

1. Starte *Paint.*
2. Klicke in der Menüleiste auf die *Paint*-Schaltfläche .
3. Rechts in dem sich öffnenden Menü (*Zuletzt verwendete Bilder*) sind die Dateien angezeigt, an denen du zuletzt gearbeitet hast.
4. Klicke nun auf den Dateinamen und die alte Datei öffnet sich.

Aufgabe 1

Wie viele Dateien werden rechts aufgelistet, wenn du auf die *Paint*-Schaltfläche klickst?

____

Wie heißen die Dateien?

____

____

____

Aufgabe 2

Was passiert, wenn du die Tasten Strg + O gleichzeitig drückst?

____

____

____

Training 12

Fenster auf dem Desktop

Aufgabe 1

1. Starte *Paint*. Öffne eine gespeicherte Datei.
   Wo findest du diese Zeichen? 

   ____

2. Was passiert, wenn du auf dieses Zeichen  klickst?

   ☐ Das Fenster wird vergrößert.

   ☐ Das Fenster verschwindet.

3. Wie findest du deine Datei wieder? Probiere aus und kreuze an.

   ☐ Indem du in der Taskleiste (= Befehlsleiste; Das ist die untere Leiste auf dem Bildschirm.) auf das Dateisymbol  klickst.

   ☐ Indem du unten links auf den Startknopf klickst.

4. Beende *Paint* und starte es erneut. Öffne eine gespeicherte Datei.
   Was passiert, wenn du auf dieses Zeichen  klickst?

   ☐ Das Fenster wird verkleinert.

   ☐ Das Fenster verschwindet.

5. Was passiert, wenn du jetzt auf dieses Zeichen  klickst?

   ☐ Das Fenster wird vergrößert.

   ☐ Das Fenster wird verkleinert.

6. Was passiert, wenn du auf dieses Zeichen  klickst?

   ____

Aufgabe 2

Probiere aus, ob du auch andere Programme genauso schließen kannst.

Die Ordnung auf der Festplatte

Eines der wichtigsten Teile im Computer ist die Festplatte (= Laufwerk). Sie ist sozusagen das „Langzeitgedächtnis" des Computers.

Auf der Festplatte werden alle deine Dateien gespeichert. Sie hat meistens den Namen „C:". Auch die Programme, die du bisher geöffnet hast, sind auf der Festplatte gespeichert. Du kannst dir die Festplatte wie ein großes Regal vorstellen. Zur besseren Orientierung sind im Regal Aktenordner. In den Aktenordnern befinden sich Mappen. Und in den Mappen sind Zettel.

Bei der Festplatte ist es ähnlich: Du kannst sie in verschiedene Bereiche unterteilen. Dabei legst du sogenannte **Ordner** an. In den Ordnern kannst du **Unterordner** anlegen. In den Unterordnern werden Dokumente als Dateien gespeichert. Das sind zum Beispiel Bilder, Textdokumente oder Musikdateien.

Aufgabe

Beschrifte das Bild mit diesen Begriffen:

Festplatte, Ordner, Unterordner, Datei

Windows-Explorer (1)

Neben der Festplatte kann der Computer noch weitere Laufwerke haben.
Damit du sehen kannst, welche Programme und Dateien auf den verschiedenen Laufwerken des Computers sind, gibt es das Programm *Windows-Explorer.*
Um dieses zu öffnen, gibt es folgenden Weg:

1. Klicke auf den Startknopf.
2. Klicke danach auf *Alle Programme.*
3. Scrolle (sprich: skrolle) herunter, indem du den Mauszeiger auf den Balken rechts neben den verschiedenen Programmen bewegst. Halte die linke Maustaste gedrückt und fahre den Balken nach unten. Klicke ganz unten auf *Zubehör/Accessories.*
4. Klicke auf *Windows-Explorer.*

   Das sich öffnende Fenster sieht dann ungefähr so aus:

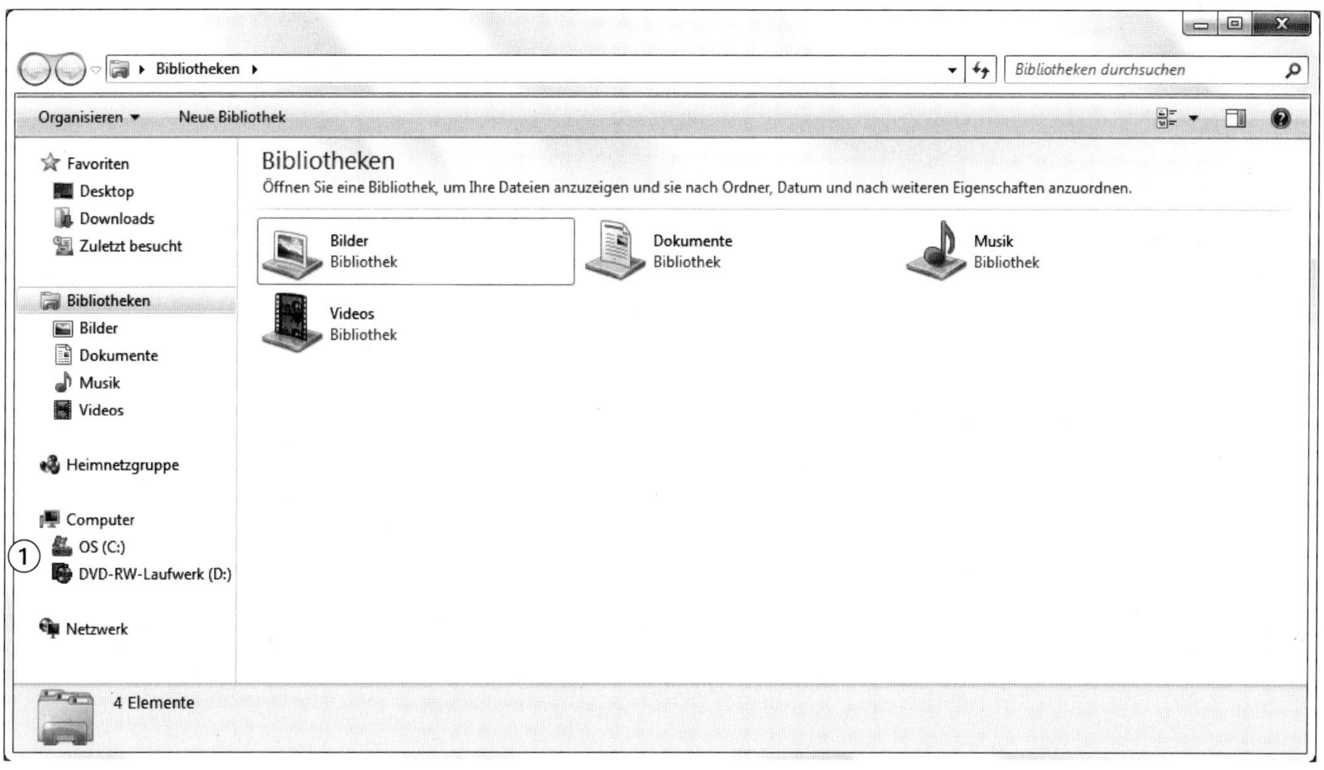

Links ① siehst du alle Laufwerke des Computers. Das kann eine Festplatte sein oder ein DVD-Laufwerk. Jedes Laufwerk hat einen Buchstaben. Diese sind nach dem Alphabet geordnet.

Windows-Explorer (2)

Aufgabe 1

Öffne den *Windows-Explorer*. Klicke bei ① auf das Laufwerk (C:).

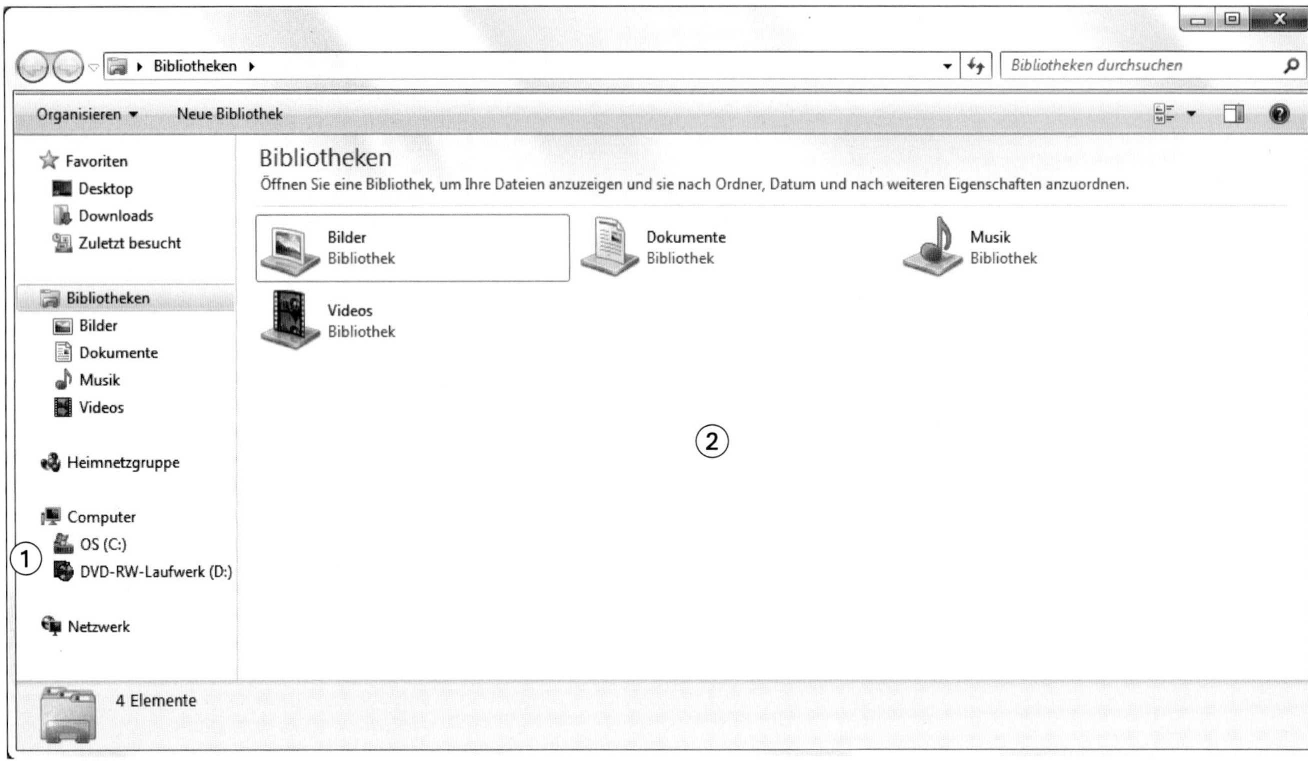

Was passiert?

____

____

Aufgabe 2

Was passiert auf der rechten Seite ②, wenn du auf der linken Seite ① etwas anklickst?

____

____

Aufgabe 3

Klicke auf der linken Seite ① auf *Bilder*. Wie viele Unterordner gibt es hier?

____

Das Suchen einer Datei

Du findest eine Datei nicht wieder? Wenn du diese nicht gelöscht hast, kann der Computer dir helfen.

Die Suche öffnest du so:

1. Klicke auf den Startknopf.
2. In dem Feld unten links kannst du den Dateinamen eingeben, den du suchst.
3. Klicke dann auf die Lupe rechts im Feld. Du kannst auch die *Enter*-Taste drücken.

Aufgabe 1

Probiere die Suche aus. Finde die vorgegebenen Dateien.
Kreuze an, welche Dateien du gefunden hast.

1. calc.exe ☐
2. Pause.exe ☐
3. paint.exe ☐
4. Start-Programm ☐
5. notepad.exe ☐
6. Schreiben.exe ☐

Aufgabe 2

Suche Dateien, die du selbst abgespeichert hast. Findest du sie?

Die Bedienung des Computers mit der Tastatur

Der Computer lässt sich nicht nur mit der Maus bedienen. Auch mit der Tastatur kannst du dem Computer Befehle erteilen.

Dateien öffnen

1. Starte das Programm *Paint.*
2. Drücke gleichzeitig die beiden Tasten Strg + O. Was passiert?

____

____

Dateien speichern

1. Starte das Programm *Paint.*
2. Drücke gleichzeitig die beiden Tasten Strg + S. Was passiert?

____

____

Den *Windows-Explorer* starten

Drücke die *Windows*-Taste und die Taste E gleichzeitig. (Die sogenannte *Windows*-Taste ist in der untersten Reihe deiner Tastatur die zweite Taste von links.) Was passiert?

____

____

Erste Prüfung

1. Starte den Computer.
2. Öffne das Programm *Paint.*
3. Zeichne einen Computer mit den Geräten, die an ihn angeschlossen sind.
4 Wie heißen die verschiedenen Geräte? Schreibe die Namen mit der Schreibfunktion von *Paint* neben die gezeichneten Geräte.
5. Speichere die Datei mit folgender Bezeichnung ab: „**DEIN NAME Erste Prüfung**“. Dort, wo „DEIN NAME“ steht, setzt du deinen Namen ein.
6. Schließe die Datei. Nun möchtest du sie wiederfinden. Wie kannst du nach ihr suchen?

____

____

____

Ordner erstellen

Ordnung auf dem PC zu halten ist wichtig. Es ist ähnlich wie in deinem Zimmer: Räumst du nicht auf, findest du bald nichts mehr wieder.

Um auf dem Computer nicht alle deine Dateien direkt auf dem Desktop abzuspeichern, kannst du Ordner erstellen.

Ordner sind wie Schubladen. Du kannst viele Dinge (= Dateien) in sie hineinpacken und schon stören sie dich nicht mehr. Du kannst die Dateien natürlich jederzeit im Ordner wiederfinden, sie öffnen und mit ihnen arbeiten.

Ordner auf dem Desktop erstellst du so:

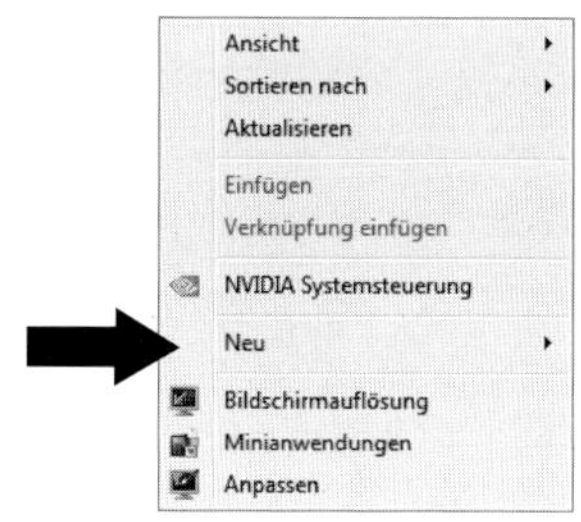

1. Klicke mit der rechten Maustaste auf deinen Desktop.
2. Es erscheint ein kleines, graues Fenster.
3. Klicke auf *Neu* und dann im Untermenü auf *Ordner*.
4. Auf deinem Desktop erscheint nun ein neuer Ordner.

Im *Windows-Explorer* kannst du Ordner noch einfacher erstellen.

1. Öffne den *Windows-Explorer*.
2. Klicke in der linken Spalte auf *Dokumente*.
3. Oben in der hellblauen Leiste steht nun *Neuer Ordner*. Klicke darauf.
4. In dem Ordner „Dokumente“ erscheint nun ein neuer Ordner.

Aufgabe 1

Erstelle zwei Ordner auf dem Desktop.

Aufgabe 2

Erstelle in dem Ordner „Dokumente“ einen neuen Ordner.

Erstelle in diesem neuen Ordner einen weiteren Ordner. Man nennt so einen Ordner auch Unterordner.

Ordner benennen und umbenennen

Ordner benennen

Wenn du einen Ordner erstellst, ist der Text „Neuer Ordner“ erst einmal blau hinterlegt.

Das sieht so aus: 

Die blaue Markierung bedeutet, dass du dem Ordner nun einen Namen geben kannst.

Aufgabe 1

Erstelle einen neuen Ordner und benenne ihn mit deinem Namen:

1. Tippe dazu einfach deinen Namen über die Tastatur ein.
2. Drücke nach dem Schreiben die *Enter*-Taste. 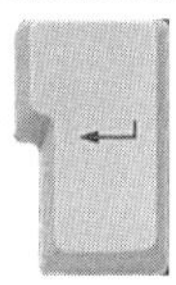

Ordner umbenennen

Wenn du später einmal einen Ordner umbenennen möchtest, ist das natürlich auch möglich. Versuch es einmal.

Aufgabe 2

Erstelle einen neuen Ordner und benenne ihn mit dem Nachnamen deines Lehrers:

1. Klicke mit der rechten Maustaste auf den Ordner.
2. Klicke im nun erscheinenden Menü auf *Umbenennen.*
3. Gib einen neuen Namen deiner Wahl ein. Drücke nach dem Schreiben die *Enter*-Taste.

Aufgabe 3

1. Klicke einmal auf einen Ordner, den du bereits erstellt hast. Drücke dann auf der Tastatur auf die Taste F2.
2. Was passiert? Kreuze die richtige Antwort an.

☐ Der Ordner öffnet sich.

☐ Der Ordnername ist blau markiert und du kannst den Ordner umbenennen.

TIPP! *Auf die gleiche Art und Weise kannst du auch Dateien umbenennen!*

Ordner verschieben

Um auf deinem PC Ordnung zu halten, ist es manchmal notwendig aufzuräumen.
Das heißt, du musst deine Ordner verschieben:

1. Klicke den entsprechenden Ordner mit der linken Maustaste an und halte diese gedrückt.
2. Ziehe den Ordner an die gewünschte Stelle.
3. Lasse die Maustaste los.

Aufgabe 1

1. Erstelle auf dem Desktop jeweils einen Ordner mit den Namen [Schulfächer], [Hobbys], [Deutsch], [Mathe], [Religion], [Musik hören] und [Schwimmen].
2. Verschiebe alle Schulfächer-Ordner nach rechts oben und alle Hobbys-Ordner nach rechts unten.

Manchmal kann es sinnvoll sein, dass man einen Ordner in einen anderen Ordner verschiebt.
Dies funktioniert fast wie das normale Verschieben von Ordnern.

1. Klicke den zu verschiebenden Ordner mit der linken Maustaste an und halte diese gedrückt.
2. Ziehe den Ordner auf den Zielordner, in den du den ausgewählten Ordner verschieben willst.
3. Lasse die Maustaste los.

Aufgabe 2

Verschiebe die Ordner [Deutsch], [Mathe], [Religion] in den Ordner [Schulfächer].

Verschiebe die Ordner [Musik hören] und [Schwimmen] in den Ordner [Hobbys].

Dateien benennen und umbenennen

Dateien benennen

Wenn du in einer Buchhandlung bist, stehst du vor vielen Bücherregalen. Suchst du dort ein bestimmtes Buch, schaust du auf die Buchrücken. Hier steht der Name des Autors und der Titel des Buches. Das hilft dir bei der Suche sehr.

Ähnlich ist es auch bei Dateien. Damit du sie später auseinanderhalten kannst und schnell wiederfindest, musst du ihnen sinnvolle Namen geben. Der Name der Datei sollte sich immer nach dem Inhalt richten.

Aufgabe 1

Jenny hat am 9. August 2013 einen kleinen Vortrag über die Bruchrechnung gehalten und den Text auf dem PC getippt.

Welchen der folgenden Namen sollte sie als Dateinamen verwenden? Kreuze an.

- ☐ Vortrag_Mathe.docx
- ☐ Neues_Word-Dokument.docx
- ☐ Vortrag_Bruchrechnung_Jenny_August_2013.docx

Dateien umbenennen

Wenn du nachträglich einmal den Dateinamen ändern willst, ist das natürlich auch noch möglich.

Aufgabe 2

Probiere die drei unten beschrieben Möglichkeiten aus. Kreuze die funktionierenden an!

- ☐ Klicke einmal auf einen Ordner. Drücke dann auf der Tastatur auf die Taste F2.
- ☐ Klicke zweimal schnell hintereinander auf eine Datei.
- ☐ Klicke auf eine Datei. Warte kurz ab und klicke dann auf die Schrift.

Dateien verschieben

Dein Desktop ist nun gefüllt mit Dateien und Ordnern. Ordner kannst du bereits in einen anderen Ordner oder auf dem Desktop verschieben. Doch wie verschiebt man Dateien in einen Ordner oder auf dem Desktop?

Das funktioniert genauso wie beim Verschieben von Ordnern. Du erinnerst dich bestimmt.

Aufgabe 1

Ergänze die Lücken im Anleitungstext. Folgende Wörter müssen eingesetzt werden:
gedrückt, klicke, los, gedrückt, Ordner, linken, Datei

1. Ich ________________ die zu verschiebende Datei mit der ________________ Maustaste an und halte diese ________________.
2. Ich führe nun die Datei auf den ________________, in den ich die ausgewählte ________________ verschieben möchte.
3. Auf diesem Ordner lasse ich dann die Maustaste ________________.

Aufgabe 2

Erstelle eine Datei und verschiebe Sie in einen Ordner deiner Wahl.

Ordner und Dateien löschen

Wenn du lange an einem Computer arbeitest, erstellst du meist viele Dateien und Ordner. Einige Dateien brauchst du vielleicht nicht mehr oder möchtest sie verschwinden lassen.

Wenn du in deinem Zimmer aufräumst, schmeißt du alte Dinge in den Mülleimer oder Papierkorb. Auf dem Computer kannst du alte, nicht mehr gebrauchte Dateien löschen.

*Aber **Vorsicht**: Überlege vorher, welche Datei du löschst!*

Dateien können überall gelöscht werden: auf dem Desktop, in einem Ordner oder in einem Unterordner.

Dateien und Ordner kannst du so löschen:

1. Klicke die ausgewählte Datei oder den Ordner an.
2. Drücke anschließend auf die Taste 

.
3. Es erscheint folgendes Fenster:

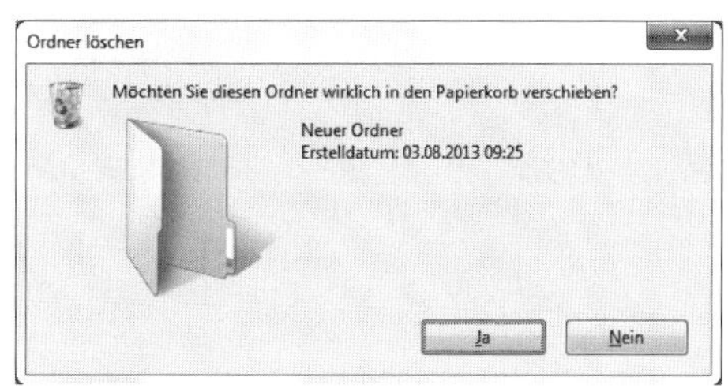

4. Nun musst du mit „Ja“ bestätigen, dass du die Datei oder den Ordner löschen möchtest.
5. Die Datei oder der Ordner ist nun gelöscht.

Aufgabe 1

1. Erstelle ein neues *Paint*-Dokument.
2. Speichere es unter einem von dir selbst gewählten Namen auf dem Desktop ab.
3. Lösche die Datei.

Aufgabe 2

Dateien und Ordner kann man auch auf andere Weise löschen.

Probiere die zwei unten beschriebenen Möglichkeiten aus. Kreuze die funktionierende an!

☐ Klicke auf dem Desktop die gewünschte Datei an und halte die Taste gedrückt. Verschiebe die Datei in den Ordner „Papierkorb“.

☐ Schiebe die gewünschte Datei an den rechten Rand des Desktops.

Der Papierkorb

Wenn du eine Datei löschst, ist diese allerdings noch nicht wirklich weg.
Sie landet in einem ganz besonderen Ordner, dem „Papierkorb“.

Es ist wie bei dir zu Hause: Der Müll ist zwar im Papierkorb, aber immer noch in deinem Zimmer.

Um die Dateien endgültig zu löschen, musst du den Papierkorb leeren.

Das geht so:

1. Mache einen Doppelklick auf den Ordner *Papierkorb*. Der Ordner *Papierkorb* öffnet sich.
2. Oben in der hellblauen Leiste steht nun *Papierkorb leeren.*
3. Klicke darauf. Es öffnet sich folgendes Fenster:
4. Bestätige die Frage mit *Ja.*

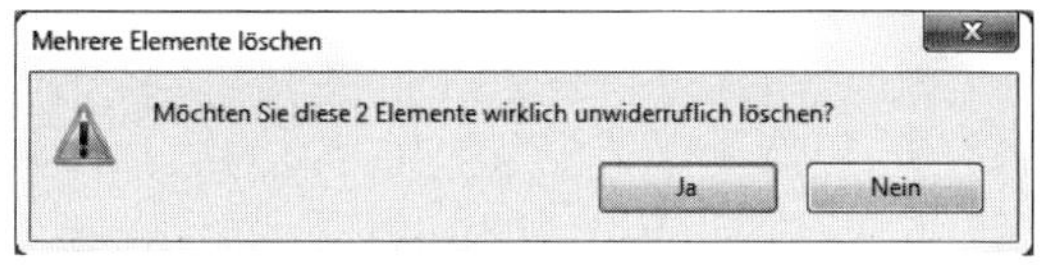

Das passiert leider häufig: Du hast eine Datei gelöscht, die du doch noch brauchst.

Du kannst diese Datei aus dem Papierkorb wiederherstellen. Die wiederhergestellte Datei taucht danach genau an dem Ort wieder auf, wo du sie gelöscht hast.

1. Öffne den *Papierkorb.*
2. Klicke auf die Datei, die du wiederherstellen möchtest.
3. Klicke nun oben in der hellblauen Leiste auf *Element wiederherstellen.*

Aufgabe

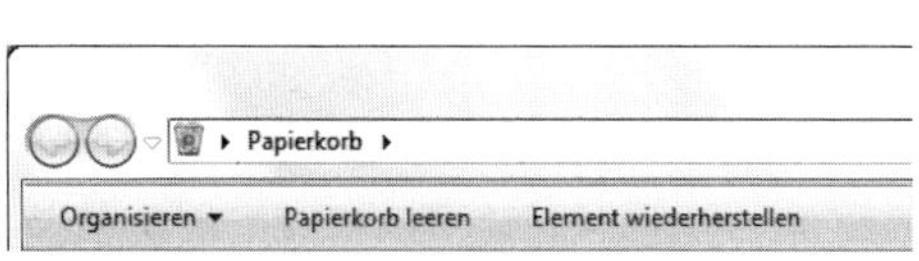

Probiere es einmal selbst aus.

1. Erstelle ein neues *Paint*-Dokument und speichere es ab.
   Erstelle auch noch drei Ordner mit unterschiedlichen Namen.
2. Lösche das erstellte *Paint*-Dokument und die drei Ordner.
3. Stelle das *Paint*-Dokument aus dem *Papierkorb* wieder her.
4. Leere den *Papierkorb.*

Word – Oberfläche (1)

Auf deinem Computer befindet sich auch ein Schreibprogramm, mit dem du Texte schreiben kannst: das Programm *Word.*

Word öffnest du so:

1. Klicke links unten auf den Startknopf.
2. Klicke in dem sich öffnenden Menü auf *Alle Programme.*
3. Scrolle in der Liste so weit nach unten, bis du den Ordner *Microsoft Office* siehst.
4. Klicke auf den Ordner. Hier öffnet sich nun eine Liste. Klicke auf *Microsoft Word 2010.*
5. *Word* startet und dein Bildschirm sieht jetzt so aus:

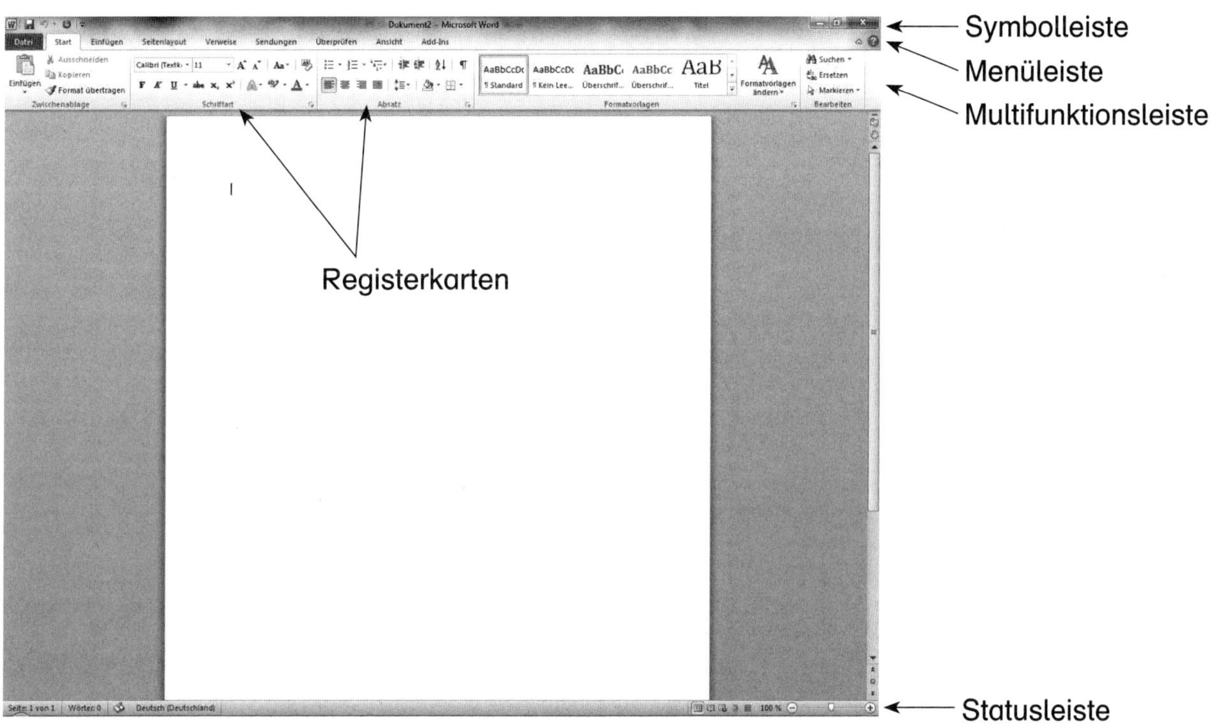

Aufgabe 1

Öffne ein *Word*-Dokument und schreibe den Satz:

`ich möchte das schreibprogramm word kennenlernen.`

Word – Oberfläche (2)

Es gibt bei dem Schreibprogramm *Word* viele Möglichkeiten, deinen Text zu verändern. Du kannst Überschriften schön gestalten oder Bilder und Grafiken einfügen.

Dazu gibt es in *Word* verschiedene Leisten und Menüpunkte. Dort findest du die dazu passenden Befehle. Es gibt hier aber sehr viele Befehle.

Damit du dich schnell zurechtfindest, haben die Programmmacher eine Hilfe eingebaut.

1. Fahre mit dem Mauszeiger auf einen Befehl.
2. Klicke nicht auf den Befehl, sondern lasse den Mauszeiger dort zwei Sekunden ruhen.
3. Es öffnet sich ein kleines graues Fenster, das dir den Befehl erklärt.

Aufgabe 2

Trage die fehlenden Begriffe aus der Multifunktionsleiste und die Bezeichnungen der Registerkarten ein.

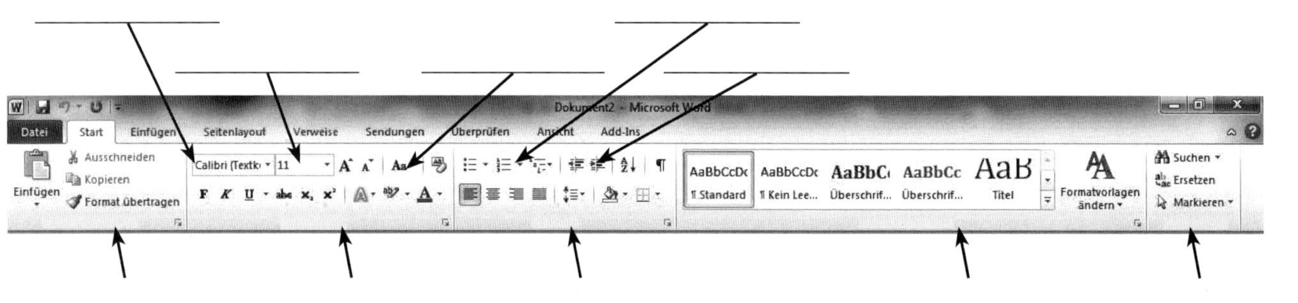

Wichtige Tasten (1)

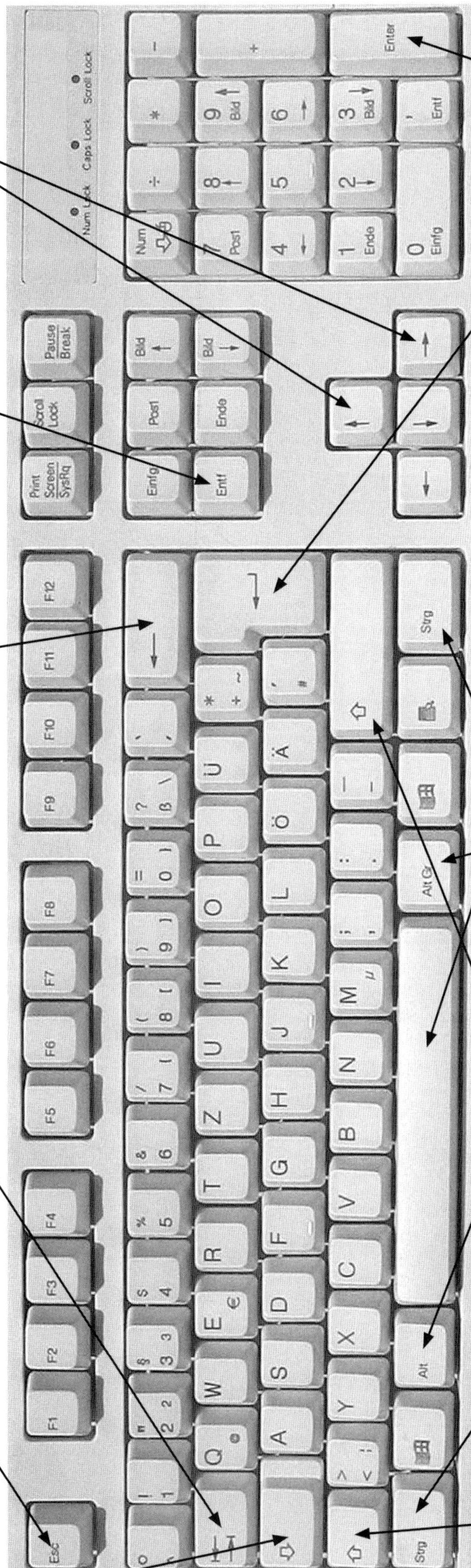

Feststelltaste: Mit ihr wird die Shift-Taste festgestellt.

Escape: Mit dieser Taste bricht man Vorgänge ab.

Tabulator: Du springst zum nächsten Tabstopp.

Backspace: Sie löscht das Zeichen vor dem Cursor.

Entfernen: Mit ihr wird das Zeichen gelöscht, das dem Cursor folgt.

Pfeiltasten: Mit ihnen bewegt man den Cursor auf dem Bildschirm.

Shift/Umschalttaste: Mit ihr wird auf Großschreibung umgestellt.

Steuerung (Strg): In Verbindung mit anderen Tasten werden Befehle ausgeführt.

Alt und Alt Gr: Mit ihnen werden bestimmte Befehle aufgerufen (z. B. ALT + Gr + E ergibt das Eurozeichen).

Space/Leertaste: Mit ihr entsteht ein Zwischenraum (z. B. zwischen zwei Wörtern).

Return/Enter: Mit ihr wird die Eingabe bestätigt.

Wichtige Tasten (2)

Aufgabe

Schreibe die Funktionen der wichtigsten Tasten auf.

Taste		Funktion
Escape		
Tabulator (Tab)	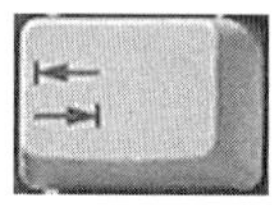	
Feststelltaste		
Shift/Umschalttaste (2 Tasten)		
Backspace	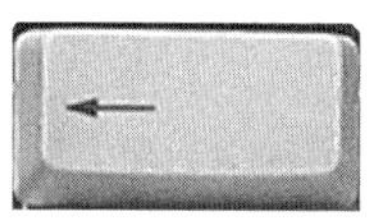	
Enter/Return (2 Tasten)	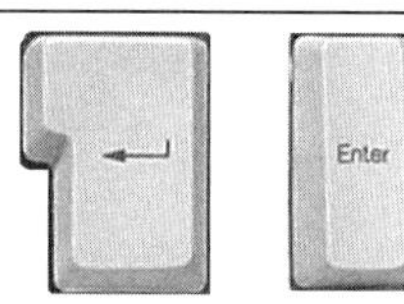	
Entfernen		
Steuerung (Strg) (2 Tasten)		
Alt und **Alt Gr** (2 Tasten)		
Pfeiltasten	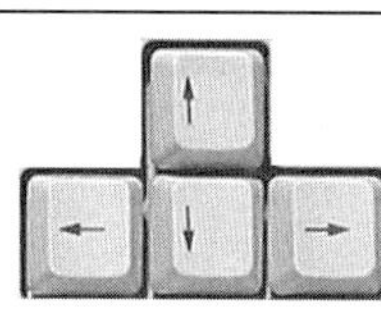	
Space/Leertaste	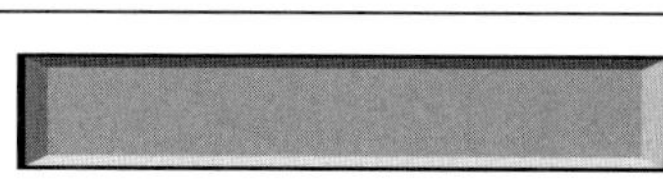	

Training 10

Word – Speichern

Wenn du eine Datei in *Word* abspeichern möchtest, gehst du so vor:

1. Drücke die Tasten Strg + S gleichzeitig.
2. *Word* fragt dich beim ersten Mal, wie du die Datei nennen möchtest und wo sie abgespeichert werden soll.
3. Gib einen Namen ein und klicke dann auf *Speichern*.

Vielleicht möchtest du die Datei aber nach der nächsten Überarbeitung unter einem anderen Namen oder an einem anderen Ort abspeichern.

Dann machst du Folgendes:

1. Klicke auf Datei oben links auf dem Bildschirm.

   Es öffnet sich folgendes Fenster:

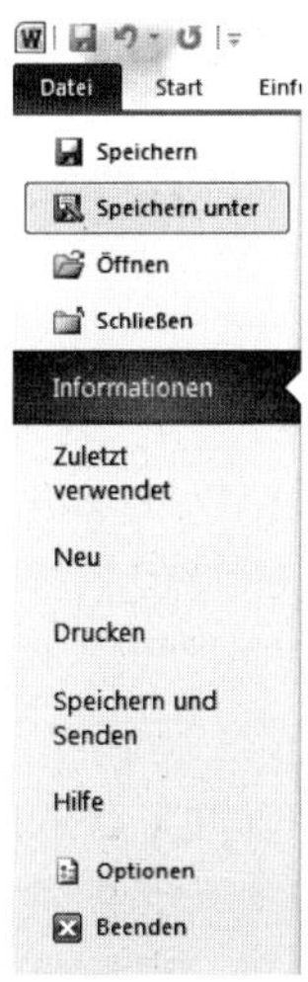

2. Klicke nun auf *Speichern unter* und dann auf *Word-Dokument*. Jetzt wirst du wieder gefragt, wie du die Datei nennen möchtest und wo sie abgespeichert werden soll.

Aufgabe

1. Tippe folgenden Satz ab: `ich kann jetzt in word dateien speichern.`
2. Speichere die Datei jeweils einmal mit dem Namen „speichern1“, „speichern2“ und „speichern3“ in deinem Ordner ab.

Training 11

Word – Klein- und Großschreibung

Bis jetzt hast du nur kleine Buchstaben geschrieben. Natürlich kannst du in *Word* auch mit Großbuchstaben schreiben.
Hierzu ist die sogenannte *Shift*-Taste (= Umschalttaste)  sehr wichtig. Die Umschalttaste findest du auf der Tastatur ganz links in der zweiten Reihe von unten.
Große Buchstaben schreibst du so:

1. Drücke auf der Tastatur die Umschaltaste und halte sie gedrückt.

2. Drücke jetzt den Buchstaben, den du großschreiben möchtest.

3. Lasse die Umschalttaste wieder los. Der nächste Buchstabe wird wieder kleingeschrieben.

Aufgabe 1

1. Bei dem folgendem Text wurde die Großschreibung vergessen.
   Tippe den Text richtig ab. Beachte dabei aber die richtige Großschreibung.

```
ich schreibe gern mit dem computer. wenn ich fehler mache, kann ich
die fehler nachträglich verbessern. dafür brauche ich keinen
tintenkiller und keinen radiergummi. außerdem sieht man später nicht
die stellen, an denen ich fehler gemacht habe.
```

2. Speichere den Text unter dem Dateinamen „DEIN NAME Großschreibung.docx" in deinem Ordner ab.

Verwechsle nicht die Umschalttaste mit der -Taste darüber. Diese Taste wird auch Feststelltaste genannt. Drückst du sie nur ein einziges Mal, dann werden alle Buchstaben danach großgeschrieben. Dies kannst du wieder ausstellen, indem du ein weiteres Mal die Taste  drückst.

Word – Kopieren, Ausschneiden und Einfügen (1)

Wichtige Befehle, die dir das Schreiben mit *Word* erleichtern sind die Befehle *Kopieren*, *Ausschneiden* und *Einfügen*. Du kannst Wörter oder ganze Sätze kopieren oder ausschneiden. Danach kannst du sie an einer anderen Stelle wieder einfügen.

Das Kopieren von Sätzen oder einzelnen Wörtern funktioniert so:

1. Markiere den Satz, den du kopieren möchtest. Klicke dafür mit dem Mauszeiger vor den ersten Buchstaben des Satzes und halte die linke Maustaste gedrückt.
2. Bewege den Mauszeiger bis zum Punkt am Ende des Satzes und lasse dann die Maustaste los. Der Satz hat nun einen blauen Hintergrund.
3. Klicke nun auf die Schaltfläche *Kopieren* .
4. Gehe dann mit dem Mauszeiger an die Stelle auf der Seite, an der du den Satz einfügen möchtest.
5. Mach dort einen Doppelklick und klicke nun auf die Schaltfläche *Einfügen* .

Aufgabe 1

1. Du sollst drei Wünsche für deine Klassenfahrt aufschreiben. Erstelle eine neue *Word*-Datei und schreibe folgenden Satz:

   `Ich wünsche mir, dass wir auf der Klassenfahrt ...`

2. Kopiere den Text. Füge ihn in den beiden Zeilen darunter ein. Schreibe nun an die Stelle der drei Punkte (...) deine Wünsche.
3. Speichere die Datei unter dem Namen „DEIN NAME Wünsche.docx“ ab.

Word – Kopieren, Ausschneiden und Einfügen (2)

Aufgabe 2

Wie funktioniert das Markieren von Wörtern und Sätzen? Ergänze die Lücken im Anleitungstext.

Ich ______________________ mit dem Mauszeiger vor den ersten Buchstaben des Satzes und halte die ______________________ Maustaste ______________________.
Ich bewege den Mauszeiger bis zum Punkt am Ende des Satzes und lasse dann ______________________ los. Der Satz hat nun einen ______________________ Hintergrund.

Es gibt auch den Befehl Ausschneiden.

Das Ausschneiden funktioniert so:

1. Markiere das Wort oder den Satz, den du ausschneiden möchtest.
2. Klicke nun auf die Schaltfläche *Ausschneiden*.

Aufgabe 3

Was ist nach dem Klicken der Schaltfläche *Ausschneiden* mit dem vorher markierten Wort passiert? Probiere es aus und kreuze an.

☐ Das markierte Wort ist verschwunden.

☐ Das markierte Wort steht noch dort.

Aufgabe 4

Markiere ein Wort. Klicke auf *Ausschneiden*. Mache danach einen Doppelklick irgendwo auf der Seite. Klicke danach auf die Schaltfläche *Einfügen*. Was ist passiert? Kreuze an.

☐ Das Wort steht wieder dort, wo es vorher stand.

☐ Das Wort steht nun dort, wo ich den Doppelklick gemacht habe.

Word – Schriftarten

Word bietet dir die Möglichkeit, für besondere Dokumente, wie zum Beispiel Geburtstagseinladungen, besonders schöne Schriftarten zu nutzen.

Die verschiedenen Schriftarten findest du, wenn du in der Menüleiste oben links auf Datei klickst. Dort erscheint dann die Registerkarte *Schriftart*.

Hier hast du verschiedene Möglichkeiten, deinen Text zu verändern und zu verschönern:

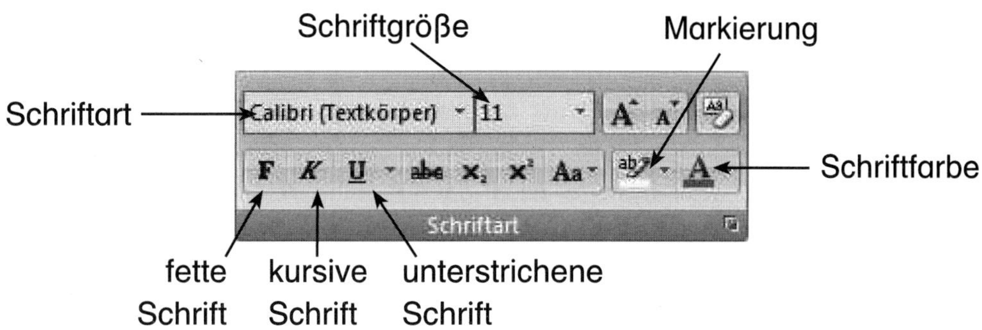

TIPP!

Du musst den Text immer erst markieren, bevor du ihn verändern kannst.

Aufgabe

1. Erstelle eine neue *Word*-Datei.
2. Schreibe deine komplette Adresse mit Telefonnummer auf.
3. Ändere …
   - deinen Vornamen in Schriftgröße 20 und fett,
   - deinen Nachnamen in Schriftgröße 18 und unterstrichen,
   - die Straße und Hausnummer in die Schriftart „Comic Sans“,
   - die Postleitzahl in Schriftgröße 9 und in der Schriftfarbe „lila“,
   - den Wohnort in kursiv und fett.
4. Speichere die Datei unter dem Namen „DEIN NAME Schriften.docx“ ab.

Vorname
Name
Straßenname Hausnummer
Postleitzahl ***Stadtname***

Word – Neues Dokument

Wenn du eine Hausaufgabe zu erledigen hast, fängst du in deinem Schulheft eine neue, leere Seite an. Genauso startest du auch in *Word* mit einer neuen Seite (= neues Dokument), wenn du einen neuen Text schreiben möchtest.

1. Starte das Schreibprogramm *Word*.
2. Klicke auf Datei.
3. Es öffnet sich ein Fenster.
   Klicke hier auf *Neu*.

Es öffnet sich ein weiteres Fenster:

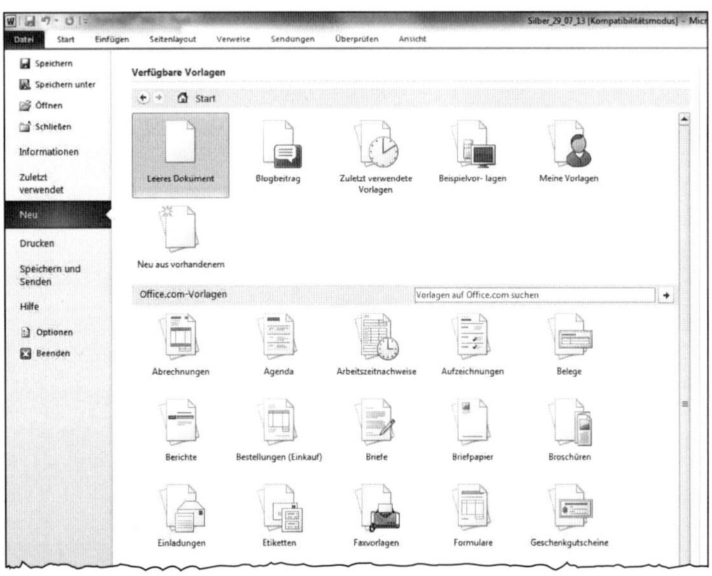

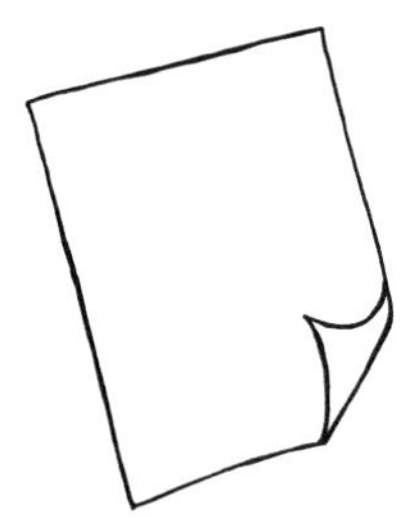

Hier hast du die Auswahl zwischen vielen verschiedenen Vorlagen. Diese Vorlagen sind in verschiedene Kategorien geordnet.

Aufgabe 1

Schreibe mindestens 5 mögliche Vorlagen auf.

____

____

Aufgabe 2

1. Erstelle mithilfe der Vorlagen eine Grußkarte für einen Freund.
2. Speichere die Grußkarte unter „DEIN NAME Grußkarte.docx ab.

Word – Drucken von Dateien (1)

Mit einem Drucker kannst du deine *Word*-Dokumente ausdrucken.

1. Starte das Schreibprogramm *Word*.
   Klicke auf Datei.
   Es öffnet sich ein Fenster:

2. Klicke nun auf *Drucken*.
   Es öffnet sich ein weiteres Fenster:

3. Hier hast du verschiedene Möglichkeiten, dein Dokument auszudrucken.

Aufgabe 1

Welche Möglichkeiten zum Ausdrucken werden unter *Einstellungen* genannt?

___

___

___

Word – Drucken von Dateien (2)

Aufgabe 2

Probiere folgende Möglichkeiten aus und schreibe auf, was passiert:

① 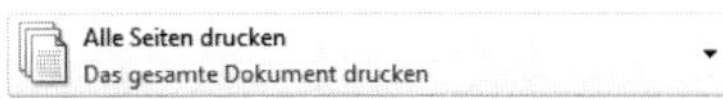

____

____

② 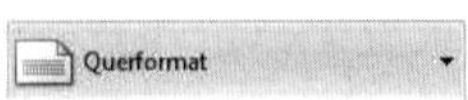

____

____

③ 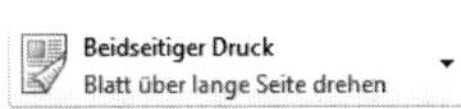

____

____

Meistens druckt man ein Dokument einseitig und im Hochformat aus. Es kann aber auch sinnvoll sein, ein Dokument im Querformat auszudrucken.

TIPP!

Manche Einstellungen des Druckmenüs sind bei jedem Drucker unterschiedlich. Um diese speziellen Einstellungen zu machen, klickst du auf Druckereigenschaften:

Word – Drucken von Dateien (3)

Beim Drucken kannst du viele verschiedene Einstellungen vornehmen.

Klicke auf die Registerkarte *Datei* und klicke dann auf *Drucken*.

Es öffnet sich dieses Fenster:

- Rechts neben *Drucken* kannst du die Anzahl der Exemplare, die gedruckt werden sollen, festlegen.
- Unter *Drucker* kannst du aus verschiedenen Druckern wählen (nur, wenn auch verschiedene Drucker an den Computer angeschlossen sind).
- Unter *Druckereigenschaften* kannst du unter anderem wählen, ob du schwarz-weiß oder farbig drucken möchtest.

Aufgabe 3

Drücke gleichzeitig die Tasten Strg + P. Was passiert?

____

____

Word – Drucken von Dateien (4)

Aufgabe 4

Ergänze die Lücken im Text.

Mit dem ______________________________ kannst du *Word*-Dokumente ausdrucken.

Dazu gibt es mehrere Möglichkeiten:

1. Du kannst dein Dokument mit der Tastenkombination Strg + ______ ausdrucken.
2. Du kannst dein Dokument aber auch über das ______________________________ auf *Datei* und *Drucken* ausdrucken.

Unter anderem hast du die Möglichkeiten, dein Dokument im ______________________________ oder im Querformat auszudrucken.

Aufgabe 5

Kreuze die richtigen Aussagen an.

1. Mit der Tastenkombination Strg + S kannst du ein Dokument ausdrucken. ☐
2. Dokumente können entweder in Farbe oder nur in Schwarz-Weiß ausgedruckt werden. ☐
3. Du kannst immer nur das gesamte Dokument ausdrucken. ☐
4. Du kannst dein Dokument entweder im Hochformat oder im Querformat ausdrucken. ☐

Word – Verwenden von WordArt

Word bietet neben verschiedenen Schriftarten auch die Möglichkeit, mithilfe von *WordArt* Texte ganz besonders schön aussehen zu lassen.

1. Öffne ein neues *Word*-Dokument.

2. Schreibe deinen Namen.

3. Markiere deinen Namen.

4. Bewege den Mauszeiger nun in der Menüleiste auf *Einfügen*. Klicke dann in der Registerkarte *Text* auf den Pfeil unter *WordArt*.

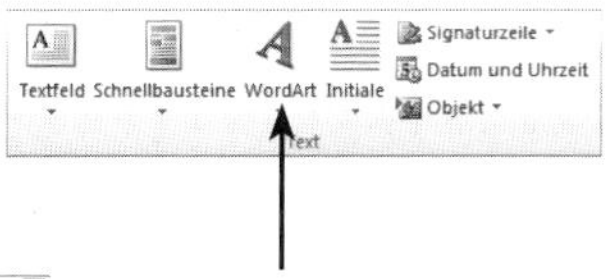

5. Es öffnet sich folgendes Fenster: Hier kannst du auswählen, welche Form und Farbe dir am besten gefallen.

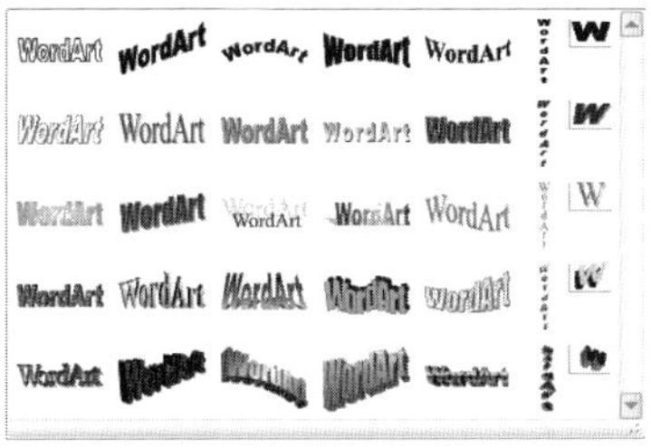

6. Klicke auf die gewünschte Form.

7. Es öffnet sich ein zweites Fenster:

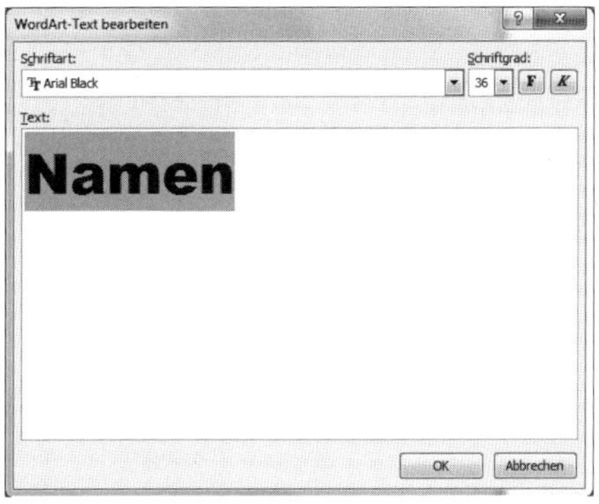

8. Klicke auf *OK*.

Aufgabe

Probiere nun verschiedene Möglichkeiten aus:

1. Öffne ein neues *Word*-Dokument.

2. Schreibe den Namen deines Lieblingssängers, deiner Freunde und deiner Schule auf.

3. Gestalte jeden Namen unterschiedlich.

4. Speichere das Dokument unter dem Namen „DEIN NAME WordArt.docx“ ab.

Word – Einfügen von ClipArts

Mit *Word* kannst du nicht nur Texte schreiben. Du kannst auch verschiedene *ClipArts* (= Schmuckbilder) einfügen.

Dafür musst du Folgendes machen:

1. Klicke in der Menüleiste auf *Einfügen* und in der Registerkarte *Illustrationen* auf 

.
2. Es öffnet sich an der rechten Seite folgendes Feld:
3. Schreibe in dieses Feld, was du suchst (zum Beispiel „Kuh“).
4. Klicke dann auf *OK*.
5. Dir werden nun die Suchergebnisse angezeigt.
6. Klicke nun auf das gewünschte Bild. Es wird nun in *Word* eingefügt.
7. Zum Verkleinern oder Vergrößern klicke auf das Bild. Es erscheint ein Rahmen mit Kreisen an den Ecken.
8. Klicke auf den Kreis oben rechts, halte die Maustaste gedrückt und bewege die Maus.

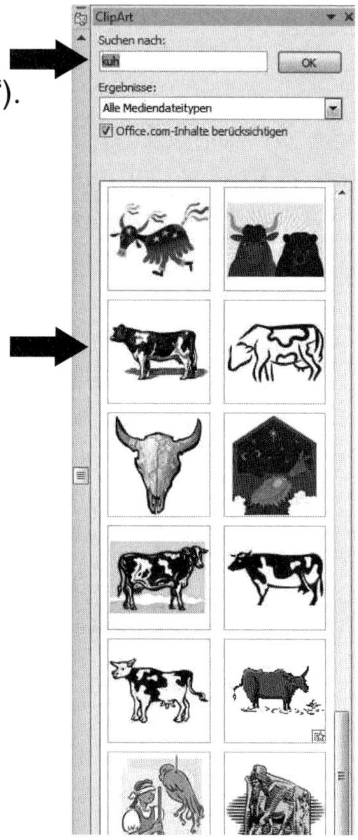

Aufgabe

1. Schreibe deinen Freunden eine Einladung zu deinem Geburtstag.
2. In der Einladung sollen zwei verschiedene *ClipArts* vorkommen.

Denke daran: In einer Einladung muss stehen:
1. Wer feiert?
2. Was wird gefeiert?
3. Wo findet die Feier statt?
4. Wann geht es los?

3. Speichere die Einladung unter „DEIN NAME Einladung.docx“ ab.

Word – Einfügen von Formen

Mit *Word* kannst du auch verschiedene Formen, wie zum Beispiel Linien, Sprechblasen, Pfeile, Dreiecke und so weiter, einfügen.

Diese kannst du auch vergrößern.

1. Klicke in der Menüleiste auf *Einfügen* und dann in der Registerkarte *Illustrationen* auf .
2. Es erscheint das folgende Auswahlmenü:
3. Klicke nun auf die gewünschte Form. Es erscheint ein Kreuz.
4. Bewege das Kreuz an die Stelle auf deinem Dokument, wo du die Form einfügen möchtest. Drücke die linke Maustaste und halte die Taste gedrückt.
5. Bewege die Maus und die Form wird größer. Lasse die Maus los, sobald die gewünschte Größe erreicht ist.
6. Das Verkleinern und das Vergrößern geht hier genauso wie bei den *ClipArts*.

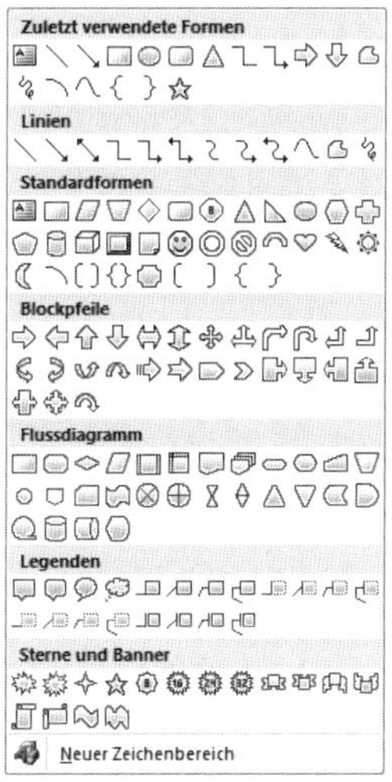

Aufgabe

1. Öffne ein neues *Word*-Dokument.
2. Füge drei Formen deiner Wahl ein.
3. Vergrößere und verkleinere die Formen.
4. Speichere das Dokument unter „DEIN NAME Formen.docx“ ab.

Word – Seitenzahlen

Sobald du in *Word* einen Text schreibst, der nicht auf eine Seite passt, öffnet sich automatisch eine weitere Seite. Hier kannst du dann weiterschreiben.

Wenn nun ein Text mehrere Seiten lang ist, kannst du dafür Seitenzahlen benutzen. So kannst du eine bestimmte Stelle leicht wiederfinden.

Das kennst du auch aus Büchern. Jedes Buch hat zur besseren Orientierung Seitenzahlen.

Dazu gibt es in *Word* eine Hilfe:

1. Klicke in der Menüleiste auf *Einfügen* und in der Registerkarte *Kopf- und Fußzeile* auf *Seitenzahl* 

.
2. Jetzt öffnet sich ein weiteres Fenster:

3. Hier kannst du auswählen, wo die Seitenzahlen stehen und wie sie aussehen sollen.
4. Du kannst entscheiden, ob die Seitenzahlen am Seitenanfang, am Seitenende oder an den Seitenrändern stehen sollen.
5. Wenn du auf *Seitenzahlen* klickst, kannst du in einem weiteren Fenster bestimmen, wie die Seitenzahlen aussehen sollen.
6. Wenn du auf *Seitenzahlen formatieren* klickst, hast du noch weitere Möglichkeiten, wie zum Beispiel die Auswahl des Zahlenformats.

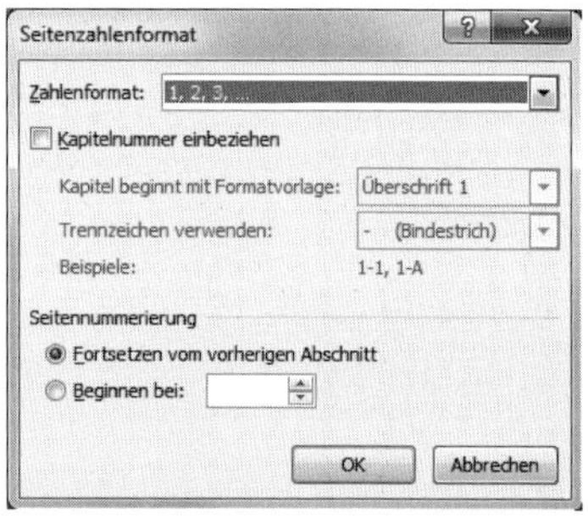

Aufgabe

1. Öffne ein neues *Word*-Dokument. Füge nun Seitenzahlen ein. Auch wenn das Dokument nur aus einer Seite besteht, kannst du damit beginnen.
2. Probiere verschiedene Möglichkeiten aus.
3. Speichere die Datei unter „DEIN NAME Seitenzahlen.docx“ ab.

Word – Einfügen einer Tabelle

Du kannst in *Word* auch Tabellen einfügen. Tabellen sind dann nützlich, wenn du bestimmte Sachen übersichtlich ordnen willst. Das kann zum Beispiel eine Einkaufsliste sein.

Buntstifte	Papier
Radiergummi	Klebestift
Taschenrechner	Kugelschreiber

So fügst du in *Word* eine Tabelle ein:

1. Klicke in der Menüleiste auf *Einfügen.*
2. Klicke dann auf das Symbol 

.
3. Es öffnet sich ein Fenster:
4. Klicke auf *Tabelle einfügen.*
5. Bestimme nun die Anzahl der Spalten und Zeilen. Klicke dann auf *OK.*

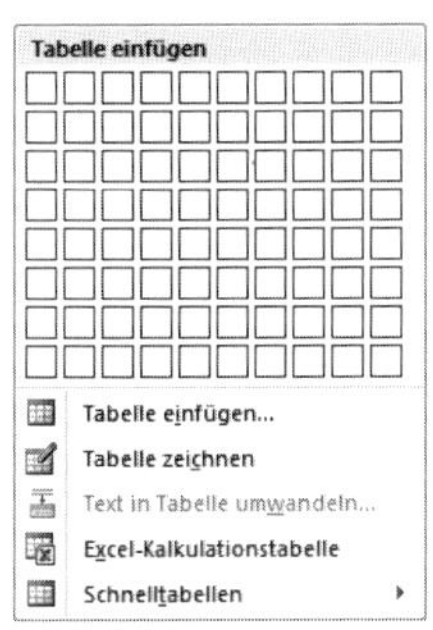

Aufgabe

1. Erstelle eine Tabelle mit deinen drei Lieblingsfächern. Die Tabelle soll zwei Spalten und vier Zeilen haben.
   - In die oberste Zeile schreibst du links „Nummer“ und rechts „Fach“.
   - In den weiteren Zellen der linken Spalte schreibst du von oben nach unten die Zahlen 1 bis 3.
   - In den weiteren Zellen der rechten Spalte schreibst du nun deine 3 Lieblingsfächer.
2. Speichere die Datei unter „DEIN NAME Tabelle. docx“ ab.

Internet – Was heißt das?

Das Wort „Internet" kommt aus dem Englischen. Es heißt übersetzt „miteinander verbundene Netzwerke". Ein Netzwerk besteht immer aus mehreren Computern, die miteinander verbunden sind und dadurch Daten austauschen können. Genau genommen sind hier Computer mit einem Internetanschluss miteinander verbunden. Schau dir einmal den Computer-Raum in deiner Schule an. Auch hier sind alle Computer miteinander verbunden und bilden ein Computer-Netzwerk. Im Internet sind nun viele solcher kleinen Netzwerke zu einem sehr großen Netzwerk verbunden.

Aufgabe

Beantworte folgende Fragen.

a) Was heißt „Internet"?

____

____

b) Was sind Netzwerke?

____

____

Internet – Wie funktioniert das?

Computer und Smartphones auf der ganzen Welt sind durch Telefonleitungen oder durch „Funkleitungen“ miteinander verbunden. Wie beim Telefonieren können die Computer so über die Leitungen miteinander in Verbindung treten.

Im Internet gibt es aber nicht nur Computer wie die, mit denen du zu Hause oder in der Schule arbeitest. Es gibt dort auch besondere Computer, die sogenannten „Server“ (sprich: Sörwer). Das ist ein englisches Wort und heißt „Versorger“. Der Server ist ein Computer, der immer eingeschaltet ist und der deinen Computer mit dem Inhalt von Webseiten oder E-Mails versorgt.

Das Besondere des Internets ist, dass die Daten nicht immer den gleichen Weg gehen. Du kannst dir das wie ein riesiges Straßennetz vorstellen. Wenn eine Straße unterbrochen oder gesperrt ist, gelangen die Autos über eine andere Straße weiter zu ihrem Ziel. Genauso wie mit den Autos ist es mit den Daten im Internet. Sie nutzen dann eine andere Datenstraße.

Aufgabe 1

Wodurch sind Computer in der ganzen Welt miteinander verbunden?

___

___

Aufgabe 2

Bestimmt haben deine Freunde und deine Verwandten einen Rechner mit Internetzugang. Wie könnten diese miteinander vernetzt sein?

1. Zeichne dies auf ein leeres DIN-A4-Blatt.

2. Lies dir den Text noch einmal durch. Hast du auch an die Besonderheit des Internets gedacht? Überprüfe und verbessere deine Zeichnung.

Wie entstand das Internet? (1)

Aufgabe 1

Ergänze die Lücken im Text mit den Wörtern und Satzteilen aus den Kästen.

Erst Anfang der 1990er-Jahre	zu einem Netzwerk	wuchs	Minuten
Suchmaschinen	Telefonanschluss, einen Computer	Geschwindigkeit	1969

So wie wir das Internet heute kennen, besteht es noch nicht ewig.

Im Jahr ________ begannen in den USA Wissenschaftler damit, mehrere Computer von verschiedenen Universitäten ________________________________ zusammenzuschließen. Dieses Netzwerk wuchs zunächst sehr langsam. 15 Jahre später (um 1982) waren erst 88 verschiedene Betriebe, Universitäten und andere Einrichtungen an dieses Netzwerk angeschlossen.

____ entstand das Internet in der Form, die wir heute kennen. Nun durfte jeder Mensch das Internet nutzen. Dafür brauchte man einen ____ und einige anfangs sehr teure Zusatzgeräte.

Zum Betrachten der vielen verschiedenen Internetseiten wurden die sogenannten „Browser" (sprich: Brauser), wie etwa der *Mozilla Firefox*, entwickelt. Das Wort „Browser" bedeutet Stöberer. Anfangs gab es auch nur wenige Internetseiten. Doch seit Mitte der 1990er-Jahre ________________ die Anzahl sehr schnell.

Um sich im Internet zurechtzufinden, wurden ______________________ entwickelt, zum Beispiel *Yahoo* oder *Google*.

Die _________________________ des Internets nahm in den letzten Jahren deutlich zu: Heute dauert es meist nur wenige Augenblicke, bis eine Internetseite auf dem Bildschirm erscheint. Früher dauerte dies manchmal einige _________________________.

Wie entstand das Internet? (2)

Aufgabe 2

Verbinde die jeweils passenden Satzteile.

Daten nehmen nicht immer	der immer an ist und deinen Computer mit dem Inhalt von Webseiten oder E-Mails versorgt.
Der Browser ist ein Programm, mit	den gleichen Weg.
Um sich im Internet zurechtzufinden,	durch die Telefonleitungen miteinander verbunden.
Computer auf der ganzen Welt sind	wurden die Suchmaschinen entwickelt.
Der Server ist ein Computer,	dem man sich Internetseiten anschauen kann.

Aufgabe 3

Kreuze jeweils die richtige Antwort an.

1. Wann wurden die ersten Computer über ein Netzwerk miteinander verbunden?

☐ 1969 ☐ 1990

2. Seit wann können alle Menschen das Internet nutzen?

☐ seit 40 Jahren ☐ seit den 1990er-Jahren

Aufgabe 4

Was ist ein Netzwerk? Schreibe eine kurze Antwort auf.

Internet – Der Browser

Damit du dir Internetseiten anschauen kannst, gibt es bestimmte Programme: die Web-Browser. Es gibt viele verschiedene Browser. Sie heißen zum Beispiel *Internet-Explorer*, *Safari* oder *Mozilla Firefox*.

So oder so ähnlich sieht die Menüleiste aus, wenn du *Mozilla Firefox* öffnest:

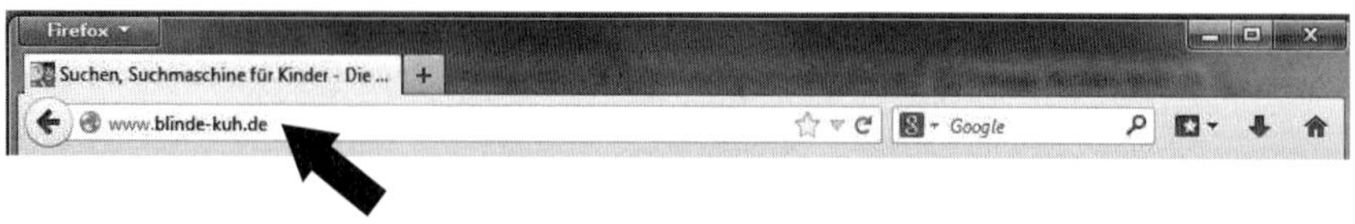

Dies ist das Eingabefeld für eine Internetadresse: die sogenannte „Adressleiste".
Eine Internetadresse besteht immer aus drei Teilen:

www.internetseitenname.de

Der erste Teil der Adresse lautet meistens: www (World Wide Web = Weltweites Netz).

Der zweite Teil der Adresse ist der Name der Seite.

Am dritten Teil der Adresse kannst du erkennen, aus welchem Land die Adresse ist: „de" = Deutschland, „at" = Österreich.

Die drei Teile der Internetadresse werden jeweils immer durch einen Punkt getrennt.

Du kannst wie bei einem Schreibprogramm die Internetadressen in die Adressleiste eintippen. Du kannst auch Fehler verbessern.
Wenn du die richtige Adresse eingetippt hast, musst du die *Enter*-Taste drücken.

Die Adresse musst du immer ganz genau eingeben. Schon ein falscher Buchstabe reicht aus und der Computer zeigt dir deine gesuchte Seite nicht an.

Aufgabe

1. Besuche folgende Internetseiten. Tippe sie in die Adressleiste ein und drücke die *Enter*-Taste.

   www.helles-koepfchen.de   www.google.de   www.bing.de

   www.yahoo.de   www.planet-beruf.de   www.kanhello.de

2. Welche Adresse gibt es nicht? Kreise sie ein.

Training 25

Internet – Hyperlinks

Das Besondere von Internetseiten ist, dass du eine Seite nicht wie ein Buch von Anfang bis Ende lesen musst. Häufig sind bei den Texten auf Internetseiten bestimmte Kernbegriffe, sogenannte „Links“, markiert.

„Link“ ist Englisch und bedeutet „Verknüpfung“. Ein Link ist eine Verbindung zu weiteren Informationen.

Links sind oft unterstrichen, farbig markiert oder in einer dickeren Schrift dargestellt. Manchmal sind auch bei Bildern oder Symbolen Links verborgen. Viele Internetseiten sind so miteinander verbunden.

Häufig gelangst du durch den Klick auf einen Link auf eine weitere Internetseite oder an eine andere Stelle der Seite.

Der Mauszeiger verwandelt sich in eine Hand mit einem ausgestreckten Zeigefinger, wenn du ihn über einen Link bewegst. Gleichzeitig kann sich bei Bildern und Texten die Farbe ändern, wenn du mit dem Mauszeiger darüberfährst.

Aufgabe

1. Gehe auf die Seite www.helles-koepfchen.de.
2. Finde fünf Links und schreibe sie auf.
3. Schreibe auf, wohinter sie sich verstecken.

Internet – Die Seitensuche

Eine tolle Sache auf vielen Internetseiten ist die Suchfunktion. Es gibt fast immer ein weißes Feld, in das du einen Suchbegriff hineinschreiben kannst.

Die Seite www.helles-koepfchen.de besteht nicht nur aus einer Seite, sondern aus vielen weiteren Seiten. Diese werden auch Unterseiten genannt. Diese Unterseiten sieht man im ersten Moment aber nicht. Mit der Seitensuche kannst du alle Seiten von www.helles-koepfchen.de nach einem Wort durchsuchen lassen. Die Seitensuche zeigt dir dann alle Seiten an, auf denen der gesuchte Begriff vorhanden ist.

So nutzt du die Seitensuche:

1. Suche auf der Seite www.helles-koepfchen.de das Suchfeld. Meistens ist es weiß oder es steht dort *Suche* oder *suchen.*
2. Klicke in das weiße Feld.
3. Schreibe das gesuchte Wort hinein.
4. Drücke nun die *Enter*-Taste.
5. Nun öffnet sich eine Seite mit der sogenannten „Suchtrefferliste“. Auf dieser Liste werden die Überschriften aller Seiten angezeigt, auf denen sich das gesuchte Wort befindet.

Aufgabe

1. Suche auf www.helles-koepfchen.de nach dem Namen „Nelson Mandela“.
2. Wie viele Suchtreffer werden angezeigt? Es sind ______ Suchtreffer.
3. Schreibe von den ersten vier die Überschriften auf.

____

____

____

____

Internet – Wiederholung

Aufgabe

Ergänze die Lücken in den Sätzen. Folgende Wörter müssen eingesetzt werden:

Adressleiste | Verknüpfung | drei | Hand | Farbe | *Enter*-Taste

Zeigefinger | Suchfeld | *Enter*-Taste

Eine Internetadresse besteht mindestens aus ______________________.

Die Internetadresse schreibe ich in die __________________.

Wenn ich die Internetadresse in die Adressleiste eingetippt habe, drücke ich die ______________________.

Das Wort Link bedeutet ______________________.

Wenn ich mit dem Cursor über einen Link fahre, verwandelt sich der Mauszeiger in eine ______________________ mit ausgestrecktem ______________________.

Wenn ich mit dem Cursor über einen Link fahre, kann sich bei Bildern und Texten die ______________________ ändern.

Um auf einer Internetseite genau die Informationen zu finden, die ich suche, benutze ich die Seitensuche. Dazu gebe ich den Suchbegriff in das ______________________ ein und drücke auf die ______________________.

Die wichtigsten Buttons des Internet-Explorers (1)

Der Browser *Internet-Explorer* hat viele verschiedene *Buttons* (sprich: Battens). „Button“ bedeutet so viel wie „Knopf“ oder „Schaltfläche“.

Aufgabe 1

1. Mache einen Doppelklick auf . Gehe auf die Seite www.helles-koepfchen.de. Gib in das Suchfeld den Begriff „Römer“ ein. Eine neue Seite öffnet sich.

2. Klicke nacheinander mindestens zehn verschiedene Links an.

Aufgabe 2

Klicke die verschiedenen Buttons in der Leiste oben auf der Seite an. Schreibe rechts in die Tabelle, was jeweils passiert.

TIPP!

Lasse vor dem Klicken den Mauszeiger immer zwei Sekunden auf dem Button ruhen. Dann erscheint ein kleines Fenster mit der Erklärung.

Die wichtigsten Buttons des Internet-Explorers (2)

Aufgabe 3

Gib in die Adressleiste den Namen deiner Heimatstadt ein. Klicke auf die Lupe. Was passiert?

____

____

Aufgabe 4

Klicke auf das dunkelgraue Quadrat rechts oben neben der Registerkarte. Was passiert? Kreuze an.

☐ Es öffnet sich eine neue Registerkarte.

☐ Die Registerkarte schließt sich.

Aufgabe 5

Klicke nun auf den Button ☆. Klicke dann auf *Zu Favoriten hinzufügen*. Es öffnet sich ein Fenster. Klicke auf *Hinzufügen*.

Klicke nochmals auf *Favoriten*. Was ist passiert? Ergänze den Satz.

Die aktuelle Seite wurde zu den ______________________________.

Aufgabe 6

Klicke einmal in die Adressleiste und dann die Taste F1. Was passiert?

____

____

Die wichtigsten Buttons von Mozilla Firefox (1)

Der Browser *Mozilla Firefox* hat viele verschiedene Buttons (sprich: Battens).
„Button“ bedeutet so viel wie „Knopf“ oder „Schaltfläche“.

Aufgabe 1

1. Mache einen Doppelklick auf . Gehe auf die Seite www.helles-koepfchen.de. Gib in das Suchfeld den Begriff „Römer“ ein. Eine neue Seite öffnet sich.
2. Klicke nacheinander mindestens zehn verschiedene Links an.

Aufgabe 2

Klicke die verschiedenen Buttons in der Leiste oben auf der Seite an. Schreibe rechts in die Tabelle, was jeweils passiert.

TIPP!

Lasse vor dem Klicken den Mauszeiger immer zwei Sekunden auf dem Button ruhen. Dann erscheint ein kleines Fenster mit der Erklärung.

Die wichtigsten Buttons von Mozilla Firefox (2)

Aufgabe 3

Gib in dieses Feld [Website öffnen] oben rechts den Namen deiner Heimatstadt ein und klicke auf die Lupe. Was passiert?

____

____

Aufgabe 4

Drücke auf die Tasten [Strg] + [H]. Was passiert?

☐ Die *Firefox*-Hilfe hat sich geöffnet.

☐ Die Chronik mit allen bisher besuchten Seiten hat sich geöffnet.

Aufgabe 5

Klicke auf [Lesezeichen].

Klicke dann auf *Lesezeichen hinzufügen*. Es öffnet sich ein Fenster. Klicke auf *Fertig*.

Klicke nochmals auf [Lesezeichen]. Was ist passiert? Ergänze den Satz:

Die aktuelle Seite wurde zu den ______________________________.

Die wichtigsten Buttons von Safari (1)

Der Browser *Safari* hat viele verschiedene Buttons (sprich: Battens).
„Button“ bedeutet so viel wie „Knopf“ oder „Schaltfläche“.

Aufgabe 1

1. Mache einen Doppelklick auf . Gehe auf die Seite www.helles-koepfchen.de. Gib in das Suchfeld den Begriff „Römer“ ein. Eine neue Seite öffnet sich.

2. Klicke nacheinander mindestens zehn verschiedene Links an.

Aufgabe 2

Klicke die verschiedenen Buttons in der Leiste oben auf der Seite an. Schreibe rechts in die Tabelle, was jeweils passiert.

TIPP!

Lasse vor dem Klicken den Mauszeiger immer zwei Sekunden auf dem Button ruhen. Dann erscheint ein kleines Fenster mit der Erklärung.

Die wichtigsten Buttons von Safari (2)

Aufgabe 3

Klicke auf 📖. Probiere aus, wozu dieser Button gut ist und welche Funktionen sich dahinter verstecken.

____

____

Aufgabe 4

Klicke auf ::::. Probiere aus, wozu dieser Button gut ist und welche Funktionen sich dahinter verstecken.

____

____

Aufgabe 5

Kreuze die richtige Antwort an.

1. Was bedeutet bei *Safari* der Begriff Verlauf?

   ☐ Der Verlauf zeigt alle besuchten Seiten an.

   ☐ Der Verlauf ist die *Safari*-Hilfe.

2. Wie fügst du bei *Safari* ein neues Lesezeichen der aktuellen Seite ein?

   ☐ Ich klicke auf den Button +.

   ☐ Ich klicke auf den Button ↻.

Internet – Texte kopieren

Du hast einen tollen Text auf einer Seite im Netz gefunden und möchtest diesen vielleicht auch weiter benutzen. Jetzt möchtest du ihn auf deinem Computer abspeichern.

Die Texte von vielen Internetseiten kannst du kopieren und in ein Schreibprogramm einfügen. Das geht so:

1. Markiere auf der Internetseite den Text, den du kopieren möchtest.
   Der markierte Text bekommt dadurch einen farbigen Hintergrund.
2. Klicke mit der rechten Maustaste auf den markierten Text.
   Es erscheint ein graues Fenster mit verschiedenen Befehlen.
3. Klicke auf *Kopieren*.
4. Öffne nun die *Word*-Datei, in die du den kopierten Text einfügen möchtest.
5. Klicke mit der rechten Maustaste an die Stelle, an der du den Text einfügen möchtest.
   Es erscheint ein graues Fenster mit verschiedenen Befehlen.
6. Klicke nun auf *Einfügen*.

Aufgabe

1. Suche auf www.helles-koepfchen.de nach dem Namen „Nelson Mandela".
2. Wähle aus der Suchtrefferliste eine Internetseite aus und klicke sie an.
3. Kopiere den Text und füge ihn in eine neue *Word*-Datei ein.
4. Speichere die Datei unter dem Namen „DEIN NAME Texte kopieren.docx" ab.

Das Kopieren von Texten ist keine eigene Leistung. Du täuscht deinen Lehrer und dich selbst, wenn du so deine Hausaufgaben erledigst. Wenn du einen Text kopierst, solltest du unter den Text immer die Internetadresse schreiben, von der du ihn hast. So etwas nennt man auch Quellenangabe.

Training 30

Internet – Bilder abspeichern

Du kannst im Internet nicht nur Texte kopieren. Du kannst auch im Internet gefundene Bilder abspeichern. Vielleicht brauchst du ein Bild für ein Referat oder eine Hausaufgabe? Vielleicht möchtest du ein Bild nachzeichnen oder es für eine Glückwunschkarte benutzen?
Bilder aus dem Internet zu kopieren geht so:

1. Klicke mit der rechten Maustaste auf das Bild. Es erscheint ein graues Fenster mit verschieden Befehlen.

2. Klicke nun auf *Bild speichern unter*. Bei einigen Browsern kann es auch *Grafik speichern unter* heißen.

3. Nun wirst du gefragt, wo du es speichern möchtest. Speichere es in deinem Ordner.

Aufgabe

1. Suche auf www.helles-koepfchen.de nach dem Namen „Nelson Mandela“.

2. Wähle aus der Suchtrefferliste eine Internetseite aus und klicke sie an.

3. Speichere ein Bild von dieser Seite unter dem Dateinamen „DEIN NAME Bild speichern.jpg“ in deinem Ordner ab.

Wenn du im Internet gefundene Bilder für ein Referat oder eine Hausaugabe verwendest, solltest du eine Quellenangabe machen. Häufig steht unter dem Bild auf der Internetseite auch der Name des Zeichners oder des Fotografen. Schreibe diesen Namen immer zu dem Bild und schreibe „Quelle:“ davor.
Lade gefundene Bilder nicht wieder in das Internet hoch. Das ist verboten!

Zweite Prüfung

1. Erstelle mit *Word* einen kurzen Text über das Internet. Dieser soll deine Mitschüler über das Internet informieren. Informationen über das Internet findest du auf der Seite www.helles-köpfchen.de und auf deinen Trainingsseiten.

   - Der Text soll folgende Informationen enthalten:
     - Was ist das Internet?
     - Wie sind die Computer miteinander vernetzt?
     - Aus welchen drei Teilen besteht eine Internetadresse immer?
     - Seit welchem Jahr gibt es das Internet?
   - Ein Teil des Texts soll von einer gefundenen Internetseite stammen. Dieser kopierte Textteil soll in blauer Schrift sein. (Vergiss die Quellenangabe nicht!)
   - Die Überschrift soll mit *WordArt* gestaltet sein.
   - Die Seitenzahlen sollen unten rechts stehen.

2. Speichere den Text unter dem Namen **„DEIN NAME Zweite Prüfung“** in deinem Ordner ab. (Dort wo „DEIN NAME“ steht, setzt du deinen Namen ein.)

3. Drucke die Datei aus.

Excel – Einführung

Mit *Excel* hast du zum Beispiel die Möglichkeit, Aufgaben zu rechnen sowie Tabellen und Diagramme zu erstellen.

Excel öffnest du so:

1. Klicke links unten auf den Startknopf.
2. Klicke dann in dem sich öffnenden Menü auf *Alle Programme.*
3. Scrolle in der Liste so weit nach unten, bis du den Ordner *Microsoft Office* siehst.
4. Klicke auf den Ordner. Hier öffnet sich nun eine Liste, in der du auf *Microsoft Excel 2010* klickst.
5. Das Tabellenkalkulationsprogramm *Excel* startet und dein Bildschirm sieht jetzt so aus:

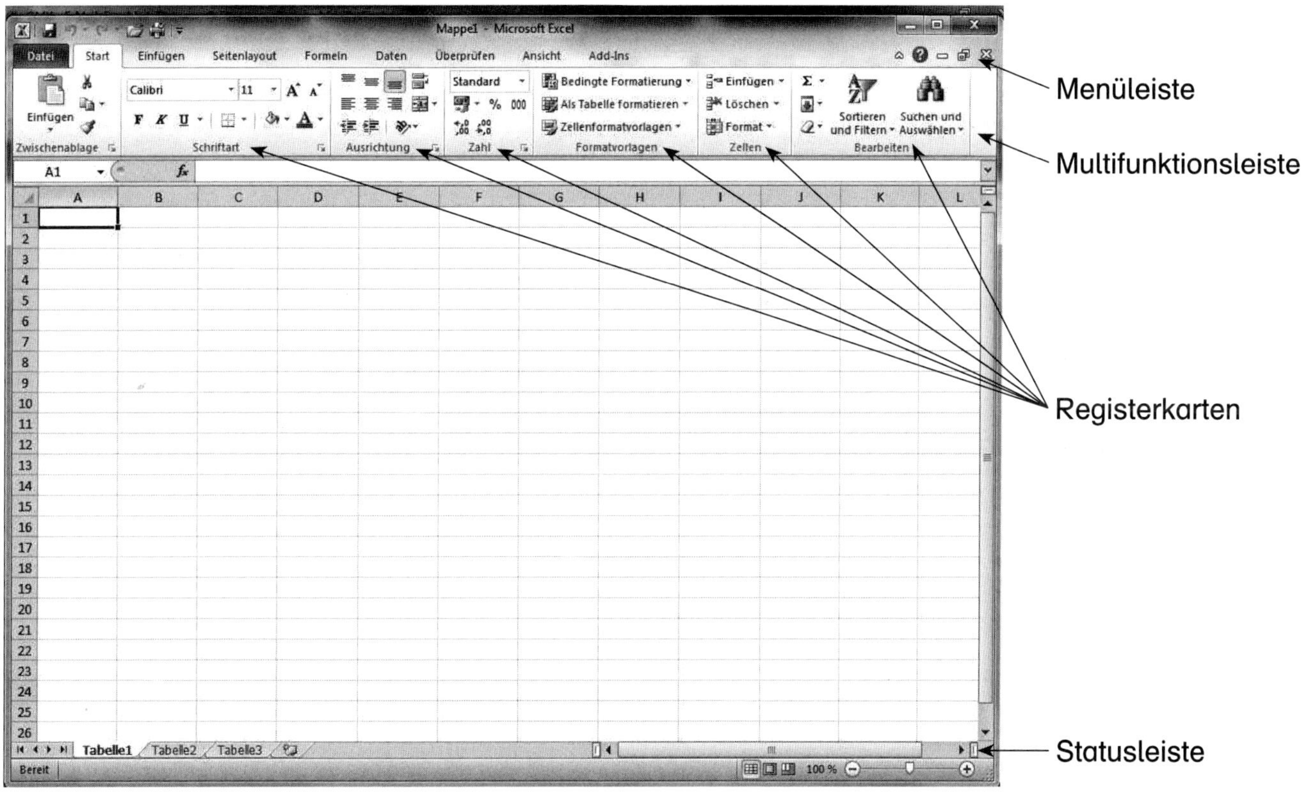

Die einzelnen Kästchen in *Excel* heißen Zellen. In diese Zellen kannst du zum Beispiel Zahlen eintragen, die du addieren willst.

Jede Zelle hat einen Namen. Beim Starten von *Excel* befindet sich ein schwarzer Rahmen auf der Zelle **A1**.

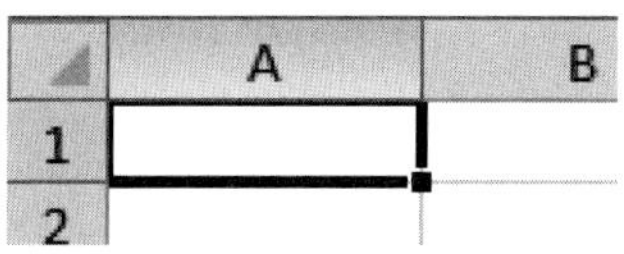

Excel – Addition

Mit *Excel* kannst du rechnen. Du kannst zum Beispiel Plusaufgaben berechnen.

1. Öffne *Excel*.
2. Schreibe in die Zelle **A1** eine beliebige Zahl.
3. Schreibe in die Zelle **A2** eine beliebige Zahl.
4. Klicke nun in die Zelle **A4**.
5. Klicke in der Registerkarte *Bearbeiten* auf Σ AutoSumme.
6. Es erscheint ein gestrichelter Rahmen und die Formel *SUMME*.

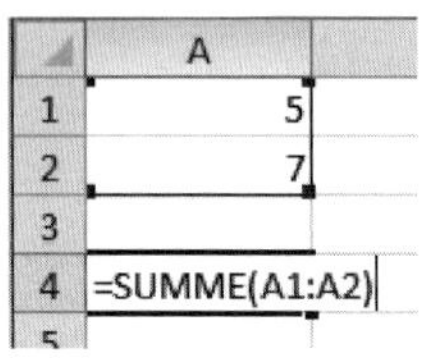

7. Drücke nun die *Enter*-Taste. Die Zahlen aus den Zellen **A1** und **A2** werden addiert und das Ergebnis erscheint in der Zelle **A4**.

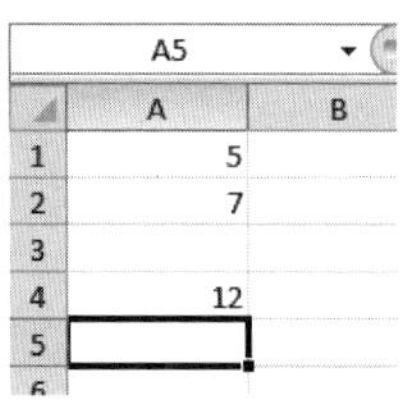

Aufgabe

1. Berechne eine Plusaufgabe. Denke dir dabei drei Zahlen aus, die du addieren möchtest.
2. Speichere die Datei unter dem Namen „DEIN NAME Addition Tabelle 1.xlsx“ ab.

Excel – Filtern (1)

Mit *Excel* kannst du auch bestimmte Informationen aus einer Tabelle herausfiltern.

Du planst zum Beispiel eine Reise. Dafür hast du die Durchschnittstemperaturen für verschiedene Städte herausgesucht und in *Excel* eingetragen:

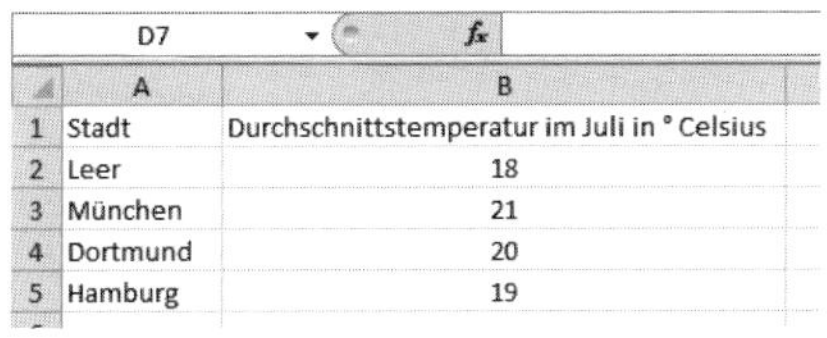

	A	B
1	Stadt	Durchschnittstemperatur im Juli in ° Celsius
2	Leer	18
3	München	21
4	Dortmund	20
5	Hamburg	19

Nun möchtest du dich für eine Stadt entscheiden. In deine Auswahl kommen aber nur Städte, in denen es im Juli durchschnittlich wärmer als 20 Grad Celsius ist.

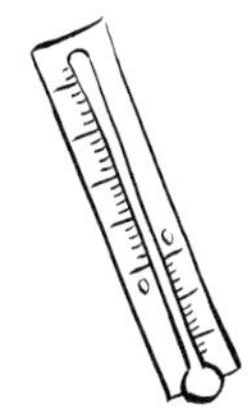

Diese Städte kannst du aus deiner Tabelle schnell herausfiltern:

1. Starte *Excel*.
2. Trage die Informationen aus der Abbildung genau so in die *Excel*-Tabelle ein.
3. Klicke auf die Zelle **A1**.
4. Markiere die Zellen **A1** und **B1**: Klicke dafür in die Zelle **A1** und halte die Maustaste gedrückt. Bewege die Maus bis in die Zelle **B1**.
5. Nun siehst du einen dicken schwarzen Rahmen, der um die Zellen **A1** und **B2** geht.
6. Klicke in der Registerkarte *Bearbeiten* auf *Sortieren und Filtern*.
7. Es öffnet sich ein Fenster:

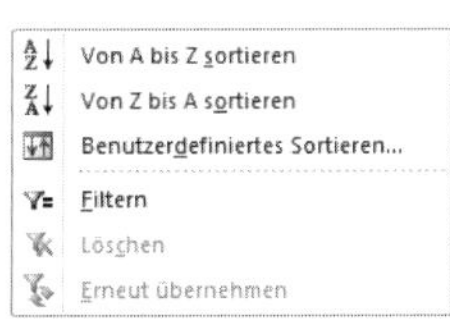

8. Hier klickst du nun auf *Filtern*.
9. Nun erscheinen in den Zellen **A1** und **B1** kleine Pfeile:

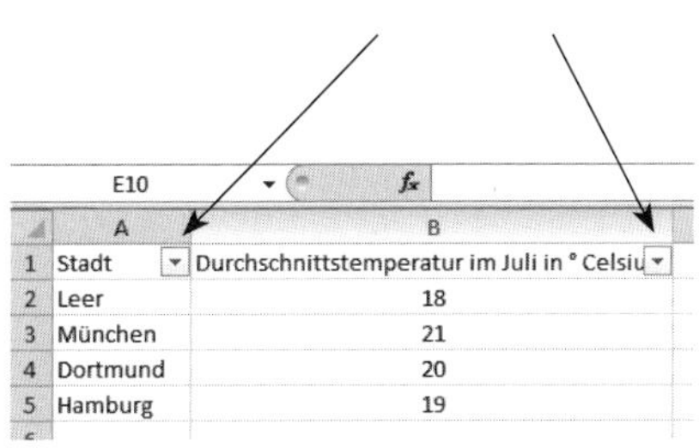

	A	B
1	Stadt	Durchschnittstemperatur im Juli in ° Celsiu
2	Leer	18
3	München	21
4	Dortmund	20
5	Hamburg	19

Excel – Filtern (2)

10. Klicke nun auf den Pfeil in der Zelle **B1**.

11. Es öffnet sich ein weiteres Fenster. Hier sind alle Temperaturen deiner Liste aufgelistet.

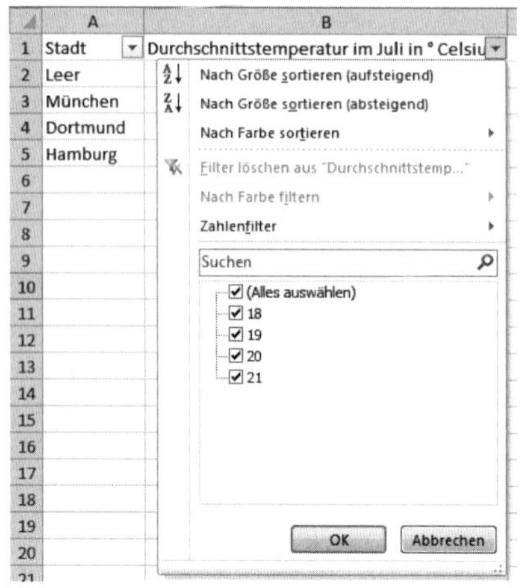

12. Klicke hier auf die kleinen Haken bei 18 und 19 (Du möchtest ja nur Städte herausfiltern, bei denen die Temperaturen bei 20 Grad Celsius oder höher liegen).

13. Klicke dann auf *OK*.

14. Deine Liste ist nun gefiltert und sieht so aus:

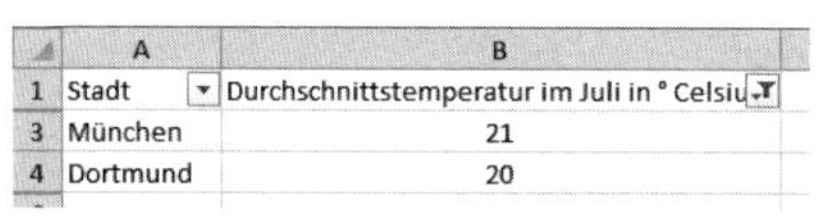

Es werden jetzt nur die Städte angezeigt, die 20 Grad Durchschnittstemperatur oder mehr haben.

TIPP!

Dass eine Liste gefiltert ist, erkennst du an den kleinen Pfeilen in den Zellen und an diesem Symbol: .

Aufgabe 1

1. Überlege dir mit deinem Nachbarn, welche Informationen ihr in eine Tabelle eintragen möchtet. Am besten nehmt ihr Dinge, die sich gut miteinander vergleichen lassen. Die Tabelle sollte nur aus zwei Spalten bestehen.

2. Erstellt die Tabelle.

3. Filtert bestimmte Angaben heraus.

4. Speichert die Tabelle unter einem passenden Namen ab.

Excel – Sortieren (1)

Mit *Excel* kannst du auch Angaben, die du in eine Tabelle geschrieben hast, sortieren.

Ganz praktisch ist das zum Beispiel, wenn du eine Adressen- und Telefonliste deiner Freunde erstellen willst.

Aufgabe 1

Erstelle eine Adressenliste, in die du Namen, Straßen, Hausnummern, Postleitzahlen und Städte deiner Freunde einträgst.

Suche dir Angaben von mindestens vier Freunden, die du dann einträgst.

1. Starte *Excel.*
2. Schreibe in die Zelle **A1** „Name“.
3. Schreibe in die Zelle **B1** „Straße und Hausnummer“.
4. Schreibe in die Zelle **C1** „Postleitzahl“.
5. Schreibe in die Zelle **D1** „Stadt“.

Das sieht dann so aus:

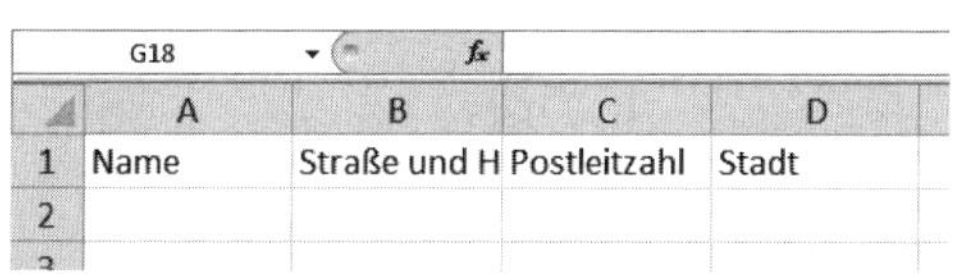

Die Zelle B1 ist zu schmal für die Überschrift „Straße und Postleitzahl“. So kannst du die Spalte verbreitern, damit die Überschrift in die Zelle passt:

6. Gehe mit der Maus auf die Linie zwischen **B** und **C**. Der Mauszeiger verändert sich. Nun sieht er aus wie ein schmales Kreuz mit Pfeilen nach links und rechts.
7. Mache nun einen Doppelklick.

Nun sieht deine Tabelle wie folgt aus:

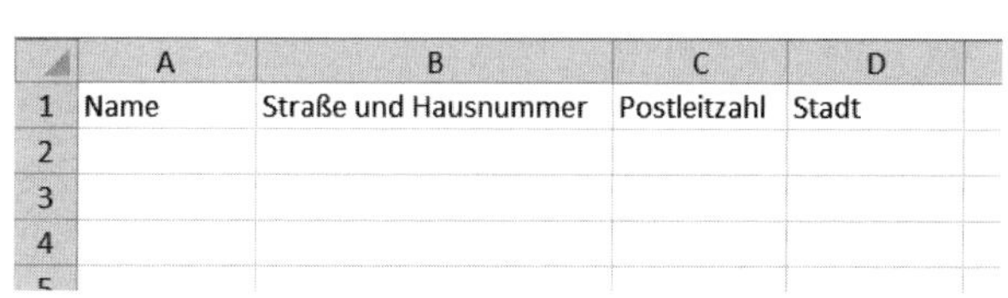

Excel – Sortieren (2)

8. Trage nun die Namen und Adressen deiner Freunde in die Tabelle ein.

9. Danach sieht die Tabelle so ähnlich aus:

F11

	A	B	C	D
1	Name	Straße und Hausnummer	Postleitzahl	Stadt
2	Michael Maier	Poststraße 45	21001	Neustadt
3	Anja Herbst	Burgallee 2	54000	Neuenkirchen
4	Silvie Frost	Dorfstraße 8	45011	Borstel
5	Kai Wassermann	Mittelweg 87	35710	Hafenstadt

Aufgabe 2

Nun möchtest du die Adressliste alphabetisch ordnen.

1. Markiere die Zellen **A2** bis **D5**. Dazu klickst du in die Zelle **A2**, hältst die Maustaste gedrückt und bewegst die Maus bis in die Zelle **D5**.
2. Klicke in der Registerkarte *Bearbeiten* auf *Sortieren und Filtern.*
3. Klicke auf *Von A bis Z sortieren.*

Die Tabelle ist nun alphabetisch nach den Vornamen sortiert:

F15

	A	B	C	D
1	Name	Straße und Hausnummer	Postleitzahl	Stadt
2	Anja Herbst	Burgallee 2	54000	Neuenkirchen
3	Kai Wassermann	Mittelweg 87	35710	Hafenstadt
4	Michael Maier	Poststraße 45	21001	Neustadt
5	Silvie Frost	Dorfstraße 8	45011	Borstel

Aufgabe 3

1. Erstelle eine Tabelle mit den Geburtstagen deiner Freunde.
2. Sortiere die Geburtstagsliste alphabetisch.
3. Speichere die Liste unter „DEIN NAME Geburtstagsliste.xlsx“ ab.

Training 5

Word – Überschriften

Überschriften sind wichtig, damit jeder auf den ersten Blick erkennen kann, wovon der Text handelt. Mithilfe von *Word* hast du die Möglichkeit, dir eine passende Überschriftenform für deinen Text auszusuchen.

Aufgabe 1

1. Starte *Word*. Öffne ein neues Dokument. Schreibe einen Steckbrief über dich:
   Mein Name – Mein Geburtstag – Mein Sternzeichen – Meine Schule –
   Meine Schulklasse – Meine besten Freunde
2. Speichere deinen Steckbrief unter dem Namen „DEIN NAME Steckbrief.docx" ab.

Aufgabe 2

1. Schreibe über deinen Steckbrief eine Überschrift, zum Beispiel „Steckbrief von ..."
2. Klicke nun in irgendein Wort deiner Überschrift. Klicke dann dreimal schnell hintereinander auf das Wort. Nun ist die ganze Überschrift markiert.
3. Klicke in der Multifunktionsleiste von *Word* oben links auf Datei. Hier gibt es eine Registerkarte, die *Formatvorlagen* heißt:

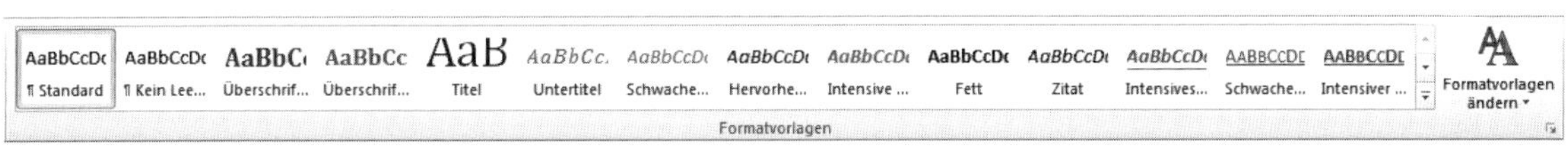

   Bewege nun den Mauszeiger über die verschiedenen Schriften. Was passiert mit deiner Überschrift?

   ____

4. Klicke nun auf die Schrift, die dir am besten gefällt. Was passiert?

   ____

5. Rechts neben den Schriften siehst du einen Pfeil (Rollpfeil) und einen Pfeil mit einer Linie darüber. Wenn du diese anklickst, siehst du weitere Überschriften, die du benutzen kannst.
6. Speichere deinen Steckbrief unter dem Namen „DEIN NAME Steckbrief 2.docx" ab.

Word – Schriftformatierungen

Mit *Word* kannst du einen Text genau nach deinem Geschmack verändern. Du kannst zum Beispiel:

- verschiedene Schriftgrößen auswählen,
- unterschiedliche Schriftfarben verwenden,
- Überschriften mit vorgegebenen Vorlagen gestalten oder
- verschiedene Aufzählungsarten nutzen.

Aufgabe

1. Schreibe einen kurzen Text darüber, was du am letzten Wochenende gemacht hast. Denke daran, dass der Leser erfahren muss:

   - Was ist passiert?
   - Wo fand es statt?
   - Wer war dabei?

   Vergiss auch die Überschrift nicht.

2. Gestalte dann deinen fertig geschriebenen Text schön. Dafür hast du in *Word* viele Möglichkeiten:

   Klicke in der Menüleiste oben links auf Datei.
   Hier findest du die Registerkarten *Schriftart*, *Absatz* und *Formatvorlagen*. Probiere verschiedene Möglichkeiten aus.

   In der Registerkarte *Absatz* hast du zum Beispiel folgende Möglichkeiten. Du kannst:

   - Aufzählungszeichen auswählen,
   - eine Liste starten
   - oder den Text linksbündig, mittig oder rechtsbündig ausrichten.

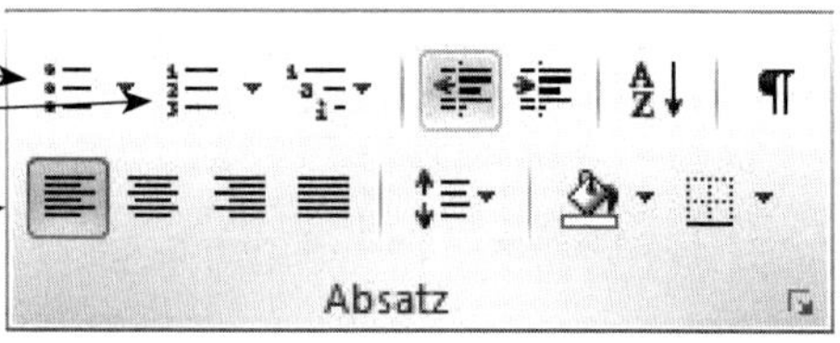

   Probiere nun verschiedene Möglichkeiten aus, bis dir die Gestaltung deines Textes gefällt.

3. Speichere deinen Text unter „DEIN NAME Mein Wochenende.docx“ ab.

Word – Bilder verschieben und die Größe ändern

Du hast schon im vorangegangenen Kapitel Bilder (*ClipArts*) in ein *Word*-Dokument eingefügt.

Nun lernst du das Bild an eine andere Stelle zu verschieben und die Bildgröße zu verändern.

Bilder verschieben

1. Öffne die Datei „DEIN NAME Einladung". Klicke dann auf das Bild, das du verschieben möchtest.
2. In der Symbolleiste und Menüleiste erscheint nun rechts dieses zusätzliche Feld: 

. Klicke darauf.
3. Klicke dann auf das nach unten zeigende Dreieck unter *Zeilenumbruch* in der Registerkarte *Anordnen* und dann auf *Passend.*
4. Du kannst das Bild jetzt dahin verschieben, wo du es haben möchtest.

Bildgröße ändern

1. Klicke auf das Bild.
2. Es erscheint um das Bild herum ein Rahmen mit Punkten und Kästchen.
3. Klicke auf einen der Kreise in den Ecken des Bildes. Halte nun die linke Maustaste gedrückt und ziehe sie so weit, bis das Bild die gewünschte Größe erreicht hat. Lass dann die Maustaste los.

Aufgabe 1

Klicke auf eines der Kästchen, lass die Maustaste gedrückt und bewege die Maus.
Nun wird das Bild in die Höhe oder die Breite gezogen. Probiere es aus.

Aufgabe 2

Mit dem grünen Punkt über dem Bild kannst du das Bild drehen. Probiere es aus.

Word – Rechtschreibung und Grammatik überprüfen

Vielleicht sind dir schon einmal beim Schreiben mit *Word* unter einzelnen Wörtern rot, blau oder grün gekringelte Linien aufgefallen. Diese Wörter hattest du zu dem Zeitpunkt falsch geschrieben.

- Rechtschreibfehler werden mit einer roten,
- Grammatikfehler mit einer grünen und
- fehlerhafte Groß-/Kleinschreibung mit einer blauen Wellenlinie angezeigt.

Nachdem du einen Text fertig geschrieben hast, gelangst du so zur Rechtschreibprüfung. Sie sucht nacheinander Wort für Wort nach möglichen Fehlern und bietet dir Lösungsvorschläge:

1. Klicke in der Menüleiste auf *Überprüfen.*
2. Klicke auf *Rechtschreibung und Grammatik.*

3. Es öffnet sich das folgende Fenster, das dir mehrere Möglichkeiten bietet:

Hier kannst du Lösungsvorschläge einmal oder mehrmals ignorieren.

Hier wird der mögliche Fehler im Satz farbig hervorgehoben.

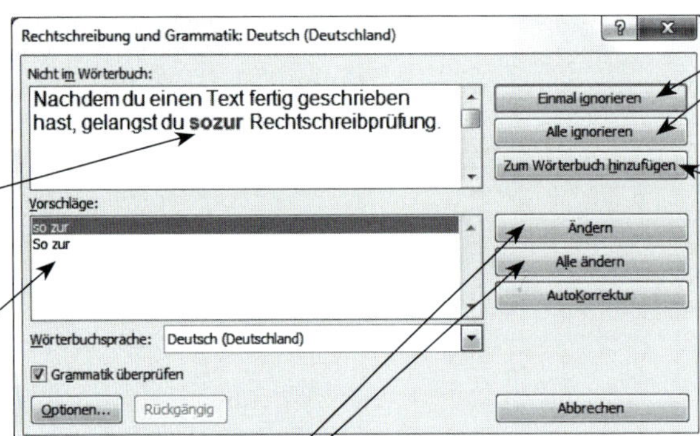

Der Computer hat nicht alle Wörter in seinem Wörterbuch. Wenn du genau weißt, dass das markierte Wort richtig geschrieben wurde, fügst du es hiermit dem Wörterbuch hinzu.

Hier kannst du Lösungsvorschläge auswählen und markieren.

Klickst du hier, wird das markierte Wort mit dem markierten Vorschlag getauscht. Falls dieser markierte Fehler häufiger vorkommt, klickst du auf *Alle ändern.* Bei diesem Beispiel würden alle „sozur" zu „so zur" geändert werden.

Aufgabe

Tippe den Text ab. Verbessere die fünf Rechtschreibfehler mithilfe der Rechtschreibprüfung.

Verlase dich nicht nur auf die Rechtschreipprüfung von Word. Sie erkännt nicht alle Fehler und manche angezeigten „Fehler" sind kaine. Viele Wörter kennt Word auch erst gar nicht. Trotz der Rechtschreibprüfung musst du immer noch entscheiden, ob der angeziegte Fehler ein Fehler ist.

Word – Synonyme

Du kennst das vielleicht vom Aufsatzschreiben: Immer wieder musst du ein bestimmtes Wort verwenden, weil dir keine anderen Wörter für diesen Ausdruck einfallen. Dadurch wird der Text langweilig, weil sich die Wörter wiederholen. Das Programm *Word* bietet dir beim Schreiben am Computer dafür eine Hilfe: die Synonym-Funktion.

Synonym heißt „Wort mit gleicher oder ähnlicher Bedeutung". Beim Wort „Orange" sind die von *Word* vorgeschlagenen Synonyme „Apfelsine" und „Zitrusfrucht". Leider hat *Word* nicht für jedes Wort Synonyme zur Verfügung.

So gelangst du zur Synonym-Funktion:

1. Klicke mit der rechten Taste in dem Text auf das Wort, das du austauschen möchtest.
2. Es öffnet sich das links abgebildete Kontextmenü.
3. Klicke mit der linken Maustaste auf *Synonyme* und wähle das am besten passende Synonym aus.

Aufgabe 1

a) Tippe die unten stehenden Wörter in ein neues *Word*-Dokument ab. Suche für diese Wörter jeweils mindestens zwei Synonyme. Schreibe diese in Klammern hinter das Anfangswort: **Schloss – essen – gehen – plötzlich – laut – Bank – antworten – sagen – Schiff – Pferd**

b) Speichere die Datei unter „DEIN NAME Synonyme.docx" ab.

Aufgabe 2

Nicht jedes Wort, das *Word* vorschlägt, ist ein Synonym. So haben einige Wörter auch zwei Bedeutungen (Du kennst bestimmt das Spiel „Teekesselchen".). *Word* erkennt diese Teekesselchen nicht und bietet für beide Bedeutungen Synonyme an. Manchmal gibt dir *Word* auch überhaupt keine passenden Vorschläge.
Gehe noch mal deine gefundenen Wörter aus der Aufgabe 1 durch. Vergleiche die Wörter mit dem Ursprungswort und färbe unpassende Wörter rot ein.

E-Mail-Verkehr (1)

Dein Freund oder deine Freundin hat Geburtstag und du möchtest ihm oder ihr dazu gratulieren. Mit einem E-Mail-Programm (zum Beispiel *Microsoft Outlook*) kannst du das schnell erledigen.

Starte dazu das E-Mail-Programm auf deinem PC.

Dein E-Mail-Programm sieht so (oder ähnlich) aus:

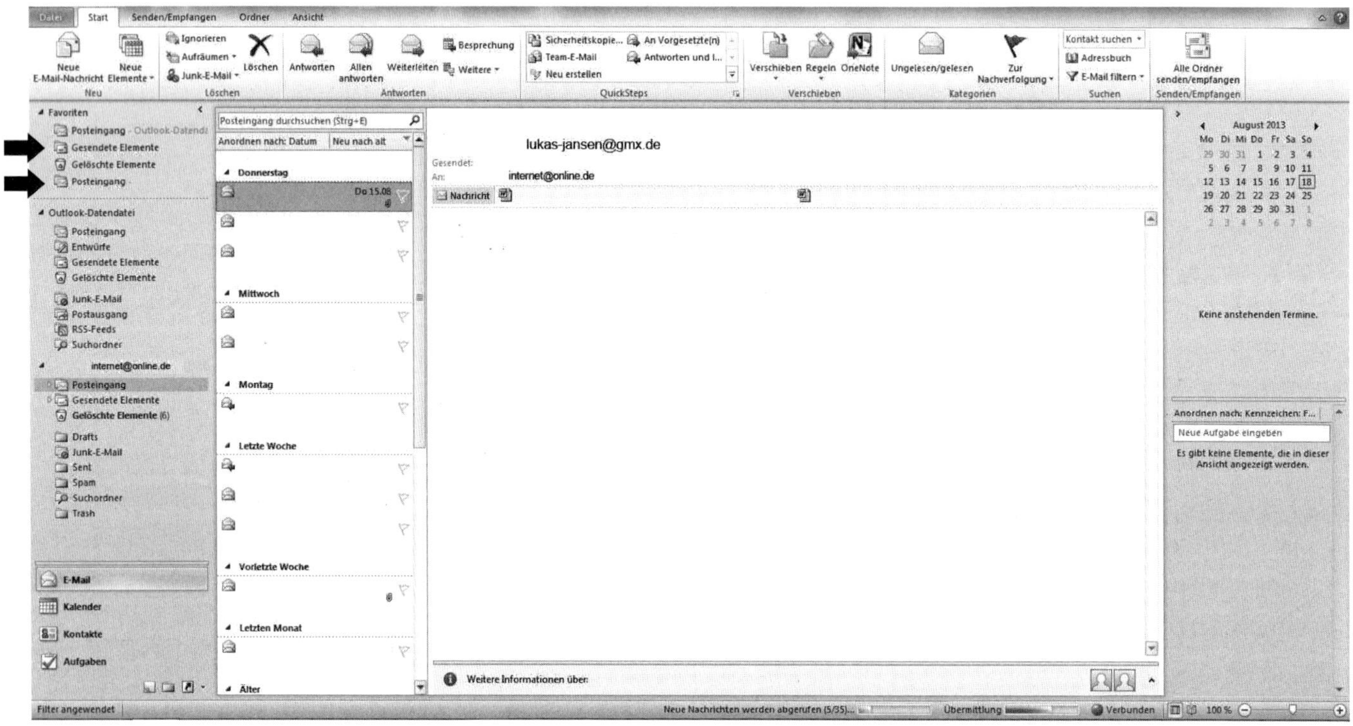

Am häufigsten benötigst du den „Posteingang“ und den Ordner „Gesendete Elemente“.

Der Posteingang ist vergleichbar mit einem Briefkasten. Hier landen E-Mails, die du von deinen Freunden erhältst.

Im Ordner „Gesendete Elemente“ kannst du sehen, welche E-Mails du verschickt hast.

E-Mail-Verkehr (2)

Aufgabe 1

1. Klicke in deinem E-Mail-Programm auf [Neue E-Mail-Nachricht], um eine E-Mail (= elektronischer Brief) zu schreiben.

2. Es öffnet sich ein neues Fenster. Hier kannst du deine E-Mail schreiben und verschicken.
   Rechts neben dem Button [An...] kannst du die E-Mail-Adresse deines Freundes oder deiner Freundin eingeben.

   > *Schreibe die E-Mail-Adresse richtig. Schon ein falsches Zeichen und deine E-Mail kommt nicht an!*

   Rechts neben [Betreff:] kannst du den Grund nennen, warum du diese E-Mail schreibst.

3. Sobald du deine E-Mail fertig geschrieben hast, klickst du auf den Button [Senden].

Aufgabe 2

Kreuze die richtigen Aussagen an.

1. „E-Mail" bedeutet so viel wie „elektronischer Brief". ☐
2. Um eine Mail zu verschicken, klickst du auf den *An...*-Button. ☐
3. In der Zeile neben *Betreff:* schreibst du deine E-Mail-Adresse. ☐

Aufgabe 3

Rechts neben dem Button [Cc...] kannst du eine weitere E-Mail-Adresse eingeben. Eine Kopie der E-Mail wird dann an diese Adresse geschickt. So kannst du eine Mail an verschiedene Personen schicken.

Probiere es aus.

E-Mail-Anhang

In einer E-Mail kannst du nicht nur etwas schreiben, sondern auch verschiedene Dateien (sogenannte „Anhänge“) mitschicken, zum Beispiel Fotos oder Musik.

Aufgabe

1. Starte das E-Mail-Programm auf deinem PC. Schreibe eine neue E-Mail.
2. Nun öffnet sich dieses (oder ein ähnliches) Fenster:

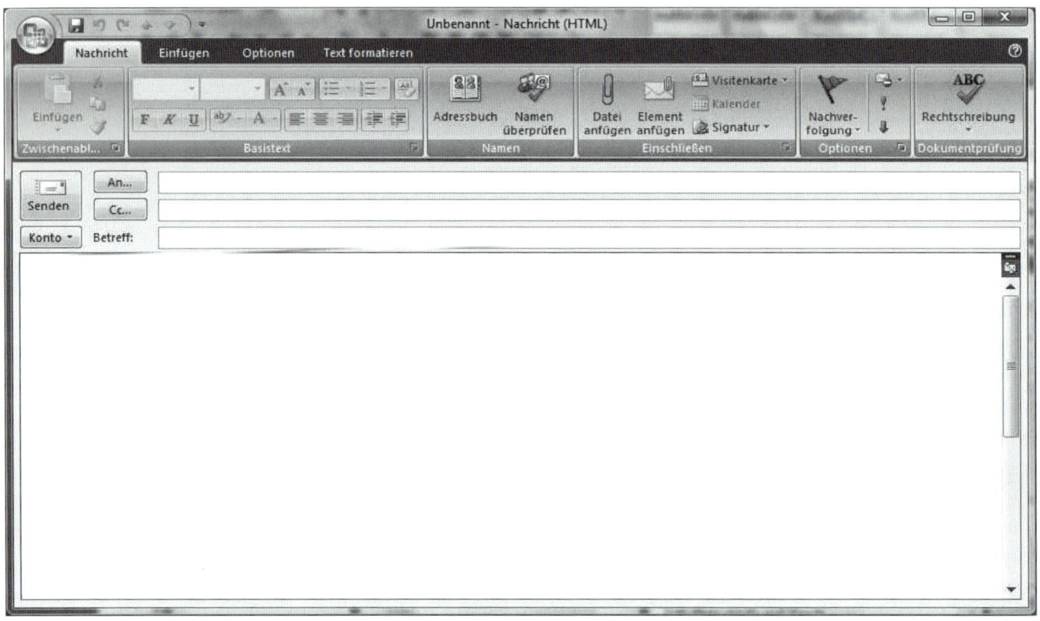

3. Klicke in der Menüleiste auf *Einfügen* und hier auf die Schaltfläche *Datei anfügen.*

4. Nun öffnet sich dieses Fenster und du kannst eine beliebige Datei auswählen. Klicke die Datei an und dann auf den Button *Einfügen.*

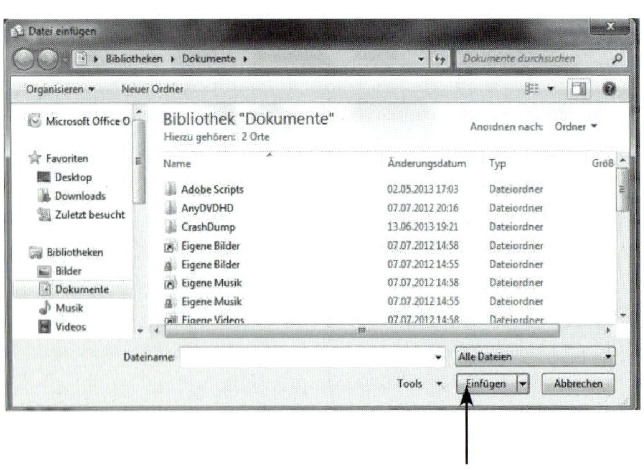

5. Die ausgewählte Datei ist nun deiner E-Mail hinzugefügt.
Sobald du die E-Mail verschickst, wird auch der Anhang mitgeschickt.
Der Empfänger der Mail erkennt an einer kleinen Büroklammer, dass die E-Mail einen Anhang enthält.

Vorsicht! Öffne nur Anhänge von E-Mails, von denen du den Versender kennst.

Sicherheit im Internet – Persönliche Daten (1)

Stelle dir vor: Du triffst fremde Menschen auf der Straße oder auf deinem Schulweg. Sie fragen dich nach deinem Namen und deiner Adresse. Du wirst diesen Menschen sicherlich keine Antwort geben, oder?

Ebenso solltest du dich auch im Internet verhalten. Denn auch dort gibt es gefährliche Menschen, die dir schaden können. Manche Personen geben sich als eine andere Person aus, als sie in Wirklichkeit sind.

Beim Chatten (sprich: Tschätten; = miteinander plaudern) solltest du nie deinen wirklichen Namen benutzen. Am besten legst du dir einen Spitznamen zu. Dieser Spitzname sollte frei erfunden sein. Du kannst auch Zahlen an deinen Spitznamen anhängen, aber nie dein Alter oder dein Geburtsjahr.
Natürlich kannst du im Chat oder in E-Mails über deine Hobbys, Sport und deine Lieblingsfilme oder Bücher sprechen. Die Namen deines Sportvereins und wann du trainierst, darfst du aber zum Beispiel nicht weitergeben.

Aufgabe 1

Welche Angaben sollten nicht in deinem Spitznamen verwendet werden? Kreuze an.

☐ deine Hobbys ☐ dein richtiger Name ☐ dein Geburtsjahr ☐ dein Alter

Aufgabe 2

Überlege dir einen Spitznamen für einen Chat. Schreibe ihn auf.

____

Aufgabe 3

Über was darfst du in Chats und E-Mails mit Fremden sprechen? Kreuze an.

☐ deine Hobbys ☐ Name deines Sportvereins ☐ deine Lieblingssportarten

☐ deine Lieblingsbücher ☐ deine Lieblingsfilme ☐ deine Trainingszeiten

Sicherheit im Internet – Persönliche Daten (2)

Im Internet sollte man ein paar Regeln beachten: Lade zum Beispiel keine Fotos von dir ins Internet hoch. Diese Fotos können von jedem kopiert werden. Sie sind dann für immer im Internet. Sie bleiben auch dann im Internet, wenn du dich später vielleicht schämst oder sie nicht mehr im Internet sehen möchtest.

Im Internet gibt es auch häufig Gewinnspiele, bei denen du deine persönlichen Daten und die E-Mail-Adresse eingeben sollst. Lass dies lieber: Meistens wollen die Gewinnspielmacher nur deine E-Mail-Adresse, um dir Werbung zu schicken. Frage immer erst deine Eltern um Erlaubnis, bevor du irgendwo deine E-Mail-Adresse angibst.

Aufgabe 4

Die folgenden vier wichtigen Sicherheitsregeln sind durcheinandergeraten. Verbinde die Teile richtig miteinander.

1. Die folgenden persönlichen Informationen solltest du nie über das Internet weitergeben: ●	● 2. Triff dich nie allein mit „Freunden aus dem Internet", die du noch nie in Wirklichkeit gesehen hast.
Antworte nie auf solche Nachrichten und sprich mit deinen Eltern oder Lehrern darüber und zeige ihnen die Nachricht. ●	● 4. Dir kommen Nachrichten oder ein Chat merkwürdig vor? Du bekommst von einer Nachricht oder einem Internetgespräch ein merkwürdiges Gefühl? Oder sogar Angst?
3. Frage immer erst deine Eltern um Erlaubnis, ob du ein Bild im Internet verschicken darfst ●	● deinen Namen, dein Alter, deinen Wohnort, deine Telefonnummer und den Namen und Ort deiner Schule.
Nimm immer deine Mutter oder deinen Vater zum ersten Treffen mit. ●	● oder ob du deine E-Mail-Adresse angeben darfst.

Aufgabe 5

Erstelle ein Plakat zum Thema „Sicherheit im Internet". Zeichne zu allen vier Sicherheitsregeln Bilder und schreibe mit deinen eigenen Worten die Regeln darunter.

Lass noch Platz für zwei weitere Regeln.

Sicherheit im Internet – Chat

„Chatten“ bedeutet „miteinander plaudern“. Im Chat kann man sich über das Internet schreiben. Chats sind sehr beliebt und es gibt daher sehr viele verschiedene Chats.

Von den vielen Chats sind einige moderiert, einige betreut und einige unmoderiert. In den moderierten Chats werden die Kommentare erst freigegeben, nachdem ein Moderator sich diese durchgelesen hat. Bei betreuten Chats kannst du Kommentare melden, wenn sie dir nicht gefallen. Wenn ein Kommentar gegen die Chat-Regeln verstößt, wird er gelöscht. In offenen Chats kann unkontrolliert geschrieben werden.

Du solltest versuchen, einen Chat zu benutzen, in dem du sicher chatten kannst. Sichere Chats findest du auf www.jugend-chat.de.

Aufgabe

1. Lies dir den folgenden Chat durch und markiere Wörter oder Sätze, die du so nicht schreiben würdest.
2. Besprich dann mit deinem Nachbarn, warum sie besser nicht in den Chat gehören.

WILDERKERL_05:	Hi, ich bin Kevin aus Düsseldorf. Ich bin hier heute zum ersten Mal …
dieLopez1999:	Hallo, schön, dich kennenzulernen!
WILDERKERL_05:	Was machst du denn so? Wie alt bist du?
dieLopez1999:	Ach, ich gehe zur Schule, in die 8. Klasse. Ich bin 14 Jahre alt.
WILDERKERL_05:	Ich auch. Ich bin Schüler in der 8. Klasse. :o) Werde aber nächste Woche Montag 15 :-P. Sport ist mein Lieblingsfach, ganz schlimm finde ich Deutsch. Meine Lehrerin, Frau Schmidt, ist schrecklich!
dieLopez1999:	-.- Ja, kann ich verstehen – Deutsch gefällt mir auch nicht! Diese ganzen Regeln …
WILDERKERL_05:	Auf welche Schule gehst du denn?
dieLopez1999:	Auf die Pestalozzi-Schule in Gummersbach.
WILDERKERL_05:	Ah cool, da kenne ich auch ein paar Leute! Ey, sag doch mal, wie du wirklich heißt, bitte!!!!!
dieLopez1999:	Klar, kein Problem. Ich bin Jenny.
WILDERKERL_05:	Toller Name, danke. Warte einmal, ich kann dir ein Foto von mir schicken, dann weißt du genau, mit wem du sprichst! Biste eigentlich solo?
dieLopez1999:	Klasse, das mach ich auch gleich! Du bist ja direkt! :-P Ja, frisch getrennt! ☺
WILDERKERL_05:	Prima ;-)! Ich muss jetzt leider aufhören – Hausaufgaben, mein Vater nervt schon!
dieLopez1999:	Klar, kein Problem. Wir treffen uns hier morgen wieder, ja? Oder du rufst mich unter 0151-151…… an, ok?

Training 14

Sicherheit im Internet – Passwörter (1)

Wenn du etwas Wichtiges in deinem Zimmer schützen willst, dann schließt du es irgendwo ein oder versteckst es.
Genauso funktionieren Passwörter im Internet. Die Passwörter sind wie Schlüssel zu deinen E-Mails oder deinem Chat.
Damit nicht jeder gleich dein Passwort erraten kann, solltest du keine Zusammensetzung aus Namen oder Spitznamen mit deinem Geburtstag oder Geburtsjahr nehmen.
Es ist aber gar nicht so schwer, gute Passwörter zu finden, die du dir gut merken kannst. Passwörter sind besonders sicher, wenn sie aus mindestens acht Zeichen bestehen. Sie sollten aus Buchstaben, Ziffern und sogenannten Sonderzeichen (zum Beispiel: ! , $? ; : -) zusammengesetzt sein.
Du kannst zum Beispiel ein sicheres Passwort bilden, indem du die Anfangsbuchstaben von Sätzen nimmst und sie mit Zahlen verbindest.

Beispiele:

Morgens muss ich immer um 7:00 meine Zähne putzen. **Mmiiu7:00mZp.**

Mein Hund heißt Ringo und ist 8,2 kg schwer. **MHhRui8,2ks.**

Diese beiden Passwörter kannst du natürlich nicht mehr nutzen, da sie jetzt jeder aus der Klasse kennt.

Wichtige Sicherheitsregel:
5. Gib niemandem dein Passwort weiter, nicht einmal deinem besten Freund! Verstecke dein Passwort gut.

Aufgabe 1

1. Überlege dir ein sicheres Passwort, das aus mindestens acht Zeichen und aus Buchstaben, Ziffern und Sonderzeichen besteht.
   Schreibe dafür hier zuerst einen eigenen Satz wie bei den Beispielen auf.

   ____

   ____

2. Schreibe hier nun dein aus den Anfangsbuchstaben des Satzes erstelltes Passwort auf.

   [ ]

Aufgabe 2

Lasse das Passwort von deinem Lehrer oder deiner Lehrerin kontrollieren.
Für den Lehrer: Siehe Hinweis Seite 113

Sicherheit im Internet – Passwörter (2)

Aufgabe 3

Hier stehen falsche und richtige Tipps. Kreuze die richtigen Tipps an. Mit den Lösungsbuchstaben in der rechten Spalte erhältst du ein Lösungswort.

Passwörter kann ich …	… meinem besten Freund verraten.	☐	**NI**
	… noch nicht einmal an meinen besten Freund weitergeben.	☐	**PA**
Ich benutze …	… sichere Passwörter, in denen mein Name und mein Geburtsjahr nicht vorkommen.	☐	**SS**
	… meinen Namen und mein Geburtsjahr in meinem Passwort, damit ich mir das besser merken kann.	☐	**KO**
Ich gebe mein Passwort …	… auch in fremden Computern außerhalb der Schule ein.	☐	**MA**
	… niemals per E-Mail weiter.	☐	**WO**
	… niemals in fremden Computern ein und speichere sie dort.	☐	**RT**
Ich achte darauf, …	… dass andere nicht zugucken, wenn ich mein Passwort eingebe.	☐	**SC**
	… dass Sonderzeichen in meinem Passwort vorhanden sind.	☐	**HU**
Ich lasse das aufgeschriebene Passwort	… in meinem Zimmer an einer gut sichtbaren Stelle liegen. So finde ich es schnell wieder.	☐	**IS**
	… nie offen herumliegen und verstecke es gut in meinem Zimmer.	☐	**TZ**

Lösungswort: ______________________________

Aufgabe 4

Zeichne ein Bild zur 5. Sicherheitsregel und schreibe mit deinen eigenen Worten die Regel darunter.
Ergänze das Bild und die Regel auf dem Poster „Sicherheit im Internet“.

Sicherheit im Internet – Viren, Würmer, Trojaner & Co. (1)

Sicherlich hast du schon von Computer-Viren, Trojanern und Computer-Würmer gehört. Das sind kleine Dateien, die auf deinem Computer Schaden anrichten können.
Doch wodurch unterscheiden sie sich? Und wie kannst du dich und deinen PC davor schützen?

Aufgabe 1

Suche auf www.netzdurchblick.de/glossar.html nach Informationen zu den Begriffen „Computer-Virus", „Trojaner" und „Computer-Wurm".
Schreibe hinter die unten stehenden Begriffe die Bedeutung in eigenen Worten auf.

Computer-Virus:

Trojaner:

Computer-Wurm:

Aufgabe 2

Mit welchen Programmen kann man sich vor den Computer-Viren, Trojanern und Computer-Würmern schützen? Schreibe auf.

Aufgabe 3

Suche im Internet nach drei von diesen Programmen. Schreibe die Namen auf.

Sicherheit im Internet – Viren, Würmer, Trojaner & Co. (2)

Aufgabe 4

Auf www.internet-abc.de erfährst du noch weitere wichtige Dinge zum Thema Computer-Viren & Co.

1. Gehe auf die Seite und klicke oben auf „Eddie", den Pinguin.
2. Klicke auf der neuen Seite links auf „Wissen, wie's geht".
3. Klicke dann auf der neuen Seite auf „Dr. Eddie weiß Rat gegen Viren".
4. Bearbeite die verschiedenen Stationen und löse die Aufgaben.

Aufgabe 5

1. Schreibe die für dich wichtigste Sicherheitsregel zu Thema „Viren, Würmer, Trojaner & Co" in eigenen Worten auf. Zeichne ein Bild dazu.
2. Ergänze das Bild und die Regel auf dem Poster „Sicherheit im Internet" als 6. Sicherheitsregel.

Netiquette (1)

Das Schreiben von E-Mails ist heute weit verbreitet. Dabei kann es aber schnell zu Missverständnissen kommen. Der Empfänger einer E-Mail kann beim Lesen etwas falsch verstehen. So kann eine in netter Absicht gesendete Mail eine ganze „Lawine“ hitziger Reaktionen und dann Antwort auf Antwort nach sich ziehen. Das passiert leider viel zu häufig. Dem kannst du in deinen E-Mails vorbeugen, indem du ein paar „Spielregeln“ für das Schreiben von E-Mails beachtest. Diese Spielregeln werden auch Netiquette genannt. Das Wort setzt sich zusammen aus „net“ (englisch für „Netz“) und „(et)iquette“ (französisch für „Benimmregeln“).

Aufgabe

Bei dieser Netiquette sind leider Überschriften und Texte durcheinandergeraten. Verbinde die passende Überschrift mit dem richtigen Text, wie im Beispiel.

Sei höflich!	Verschicke bitte keine E-Mails ungefragt an mehrere Adressaten.
Fasse dich kurz!	Ohne einen Betreff kann der Empfänger deiner E-Mail nicht wissen, worum es sich handelt. Womöglich schiebt er deine E-Mail ungelesen in den Papierkorb.
Verschicke keine Massen-E-Mails!	Du kannst dem Leser zeigen, ob du dich über etwas freust ☺ oder ob du traurig bist ☹. Aber nutze nicht zu viele dieser „Emoticons“, sonst geht schnell die Übersicht verloren!
Verschicke keine leeren E-Mails!	Auch du freust dich, wenn du mit einer netten Anrede angesprochen wirst!
Schreibe immer etwas in die Betreff-Zeile!	Bedenke, dass auf der anderen Seite immer ein Mensch sitzt, der höflich angesprochen werden will.
Schreibe eine nette Anrede!	WENN DU NUR GROSS SCHREIBST, GLAUBT DER EMPFÄNGER, DU WÜRDEST SCHREIEN. wenn du nur klein schreibst, glaubt der empfänger vielleicht, dass du bequem und faul bist.
Benutze Groß- und Kleinschreibung!	Solltest du eine E-Mail erhalten, über die du dich ärgerst, antworte nicht sofort. Lass dir Zeit und überdenke deine Antwort.
Zeige dem Leser deiner E-Mail deine Stimmung!	Beantworte Fragen kurz und knapp. Antworte bei mehreren Fragen immer direkt unter der jeweiligen Frage.
Wenn du mit dem Inhalt einer E-Mail nicht einverstanden bist, antworte später!	Solltest du eine Datei (z. B. ein Foto) an jemanden schicken wollen, schreibe einen kurzen Text dazu, in dem klar wird, was der Inhalt deiner E-Mail ist.

Training 16

Netiquette (2)

Aufgabe 1

Stellt in eurer Klasse eine eigene Netiquette für den E-Mail-Verkehr auf. Schreibt diese auf ein DIN-A3-Plakat, das in eurer Klasse sichtbar aufgehängt werden kann. Ergänzt dazu die Regeln des letzten Arbeitsblattes oder findet eigene.

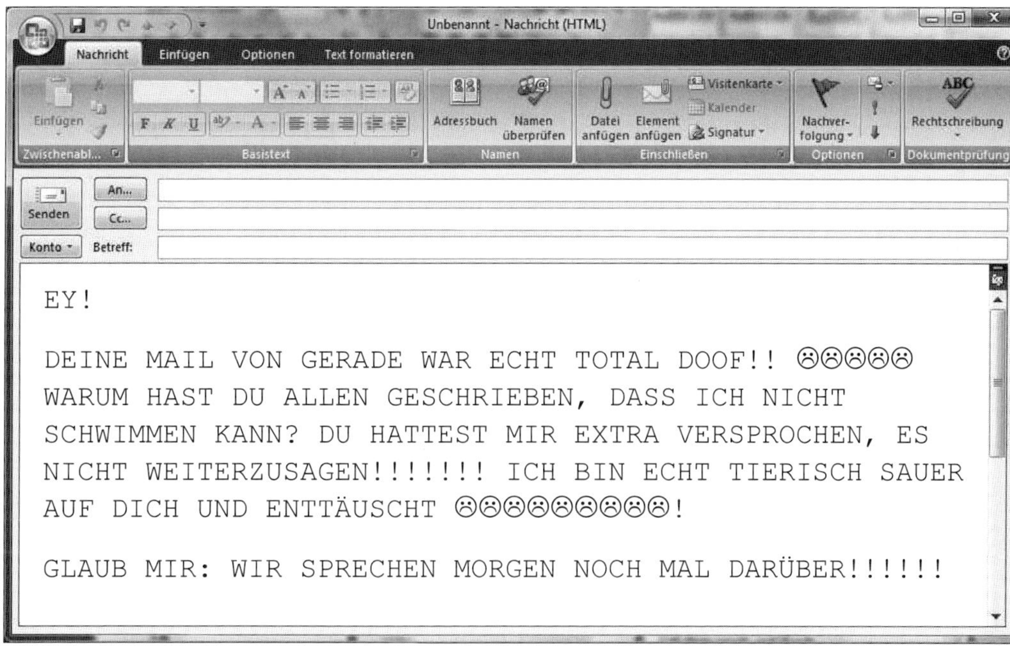

Aufgabe 2

Korrigiere die oben abgebildete Mail. Halte dich dabei an die Regeln der Netiquette. Versuche, den Inhalt der E-Mail nett und höflich zu schreiben.

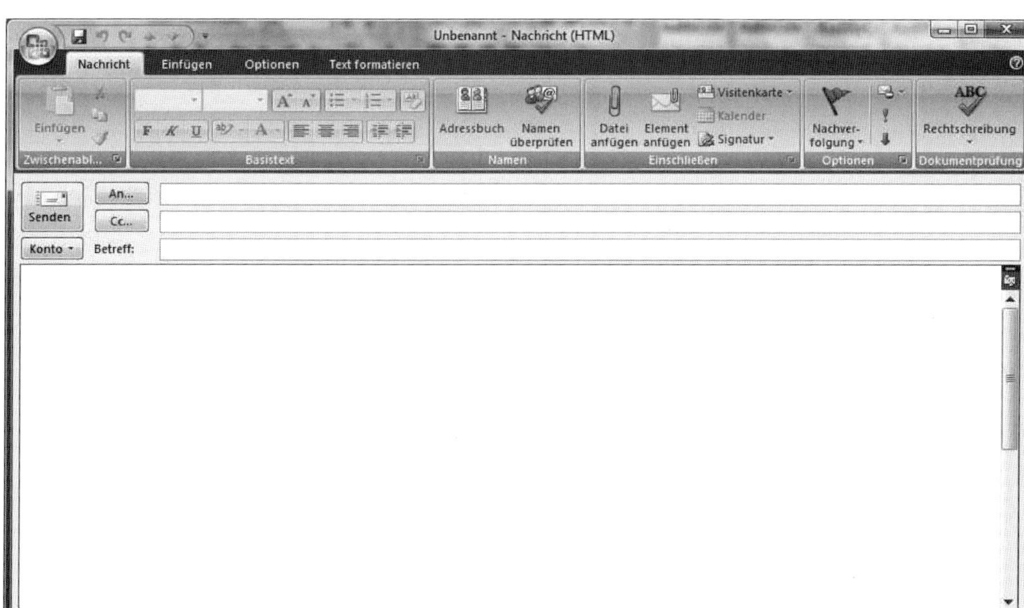

Training 17

Suchmaschinen – Eine kleine Einführung

Du kannst das Internet nutzen wie ein riesiges Lexikon, wenn du bestimmte Informationen suchst. Du wirst über fast alles einen Eintrag finden. Dabei musst du aufpassen, dass du deine ursprüngliche Suche nicht aus den Augen verlierst. Denn die Zahl der Internetseiten ist wesentlich größer als die Anzahl der Bücher in einer Bücherei.

Für die Suche im Internet gibt es die sogenannten „Suchmaschinen“. Es gibt Suchmaschinen für Kinder und Jugendliche (zum Beispiel www.blinde-kuh.de und www.helles-koepfchen.de), aber auch Suchmaschinen für Erwachsene wie www.google.de und www.bing.com

Die Suchmaschinen erstellen so etwas wie ein Inhaltsverzeichnis – so wie bei einem Buch. Die vielen leistungsstarken Computer der Suchmaschinenanbieter surfen selbstständig durch das Internet und durchsuchen es nach passenden Internetseiten. Zusammen mit den Internetadressen speichern diese Computer auch Schlüsselwörter. Schlüsselwörter sind Begriffe, die zum Inhalt der Seite passen. Zu einer Internetseite über Wölfe gehören zum Beispiel die Schlüsselwörter „Wolf“, „Wölfe“, „Säugetier“, „Raubtier“ und „Wald“.

Bei jeder Suchmaschine gibt es ein Suchfeld, in das du deine gesuchten Wörter tippen kannst. Nach dem Eingeben der Wörter werden dir in der Ergebnisliste alle Seiten angezeigt, auf denen die von dir gesuchten Begriffe vorkommen.

Die Suchmaschinen sind aber keine „Findmaschinen“. In der Ergebnisliste werden ganz oft auch Seiten angezeigt, die keine richtigen Ergebnisse auf deine gesuchten Begriffe bieten.

Aufgabe

Welche Suchmaschinen kennst du? Schreibe auf.

Suchtipps im Internet anwenden (1)

Eine Internetsuche kann häufig sehr lang dauern. Damit du schnell gute Suchergebnisse erhältst, musst du einige Dinge beachten. Hier findest du einige Tipps.

Dafür musst du dir vor der Suche zwar einige Gedanken machen, aber du erhältst auch bessere Suchergebnisse.

Wähle die passenden Suchbegriffe!

Was möchtest du auf den Seiten finden? Du möchtest zum Beispiel wissen, wo der Ara-Papagei herkommt? Dann gib „Ara Herkunft" in das Suchfeld ein.

Trage immer mehrere Suchbegriffe in das Suchfenster ein!

Du willst herausfinden, wie viele Einwohner Hamburg hat? Wenn du „Einwohner Hamburgs" eingibst, erhältst du bessere Suchergebnisse als nur mit dem Suchbegriff „Hamburg".

Schließe Begriffe von deiner Suche aus!

Dies ist vor allem wichtig bei Teekesselwörtern wie Ball (Tanzveranstaltung oder Sportgerät). Du kannst auch mehrere Begriffe ausschließen. Setze dafür ein Minuszeichen direkt vor die Wörter, die du ausschließen möchtest (zum Beispiel „Ball -Sport").

Probiere Einzahl und Mehrzahl deiner Suchwörter aus!

Dadurch kannst du manchmal bessere Ergebnisse finden.

Überprüfe die richtige Schreibweise deiner Suchbegriffe!

„Seite" bedeutet ebene Fläche. „Saite" ist eine Schnur auf einem Tennisschläger oder Teil eines Instruments. Je nachdem, wie du es schreibst, erhältst du andere Suchergebnisse.

Aufgabe 1

Du hast die Hausaufgabe bekommen, einen kurzen Vortrag zum Thema „Gibt es in Deutschland Wölfe?" zu schreiben.
Die Informationen dazu kannst du im Internet finden.
Welche Suchbegriffe würdest du eingeben?

Suchtipps im Internet anwenden (2)

Aufgabe 2

Gib die Suchbegriffe aus Aufgabe 1 auf www.google.de in das Suchfenster ein.
Probiere bei den Suchbegriffen jeweils auch die Mehrzahl oder Einzahl aus.
Welche Schreibweise hat dir die besseren Ergebnisse angezeigt?
Schreibe deine Antwort auf.

Aufgabe 3

Du sollst etwas über das Insekt die Bremse herausfinden.
Welche Wörter solltest du bei deiner Suche ausschließen, damit du bessere Suchergebnisse erhältst? Schreibe auf, was du in das Suchfeld eingeben würdest. Schreibe immer ein Minuszeichen direkt davor.

Aufgabe 4

Gib das Wort „Bremse“ auf www.google.de in das Suchfenster ein und suche danach.
Gib danach die Begriffe aus Aufgabe 3 mit dem Minuszeichen auf www.google.de in das Suchfenster ein.
Bei welcher Suche hast du treffendere Ergebnisse erhalten?
Schreibe deine Antwort auf.

Aufgabe 5

Auf www.internet-abc.de erfährst du noch weitere wichtige Dinge zum Suchen im Internet.

1. Gehe auf die Seite und klicke oben auf „Eddie“, den Pinguin.
2. Klicke auf der neuen Seite links auf „Wissen, wie's geht“.
3. Klicke dann auf der neuen Seite auf „Suchen und Finden: Mit Detektiv Eddie auf Spurensuche“.
4. Bearbeite die verschiedenen Stationen und löse die Aufgaben.

Vertrauenswürdige Quellen im Internet nutzen

Hast du schon von dem schrägen Hangnager oder der Steinlaus gehört?Dies sind ganz besondere Tiere.

Aufgabe 1

Suche Informationen über die beiden Tiere im Internet.

Kommt dir etwas komisch vor? Beide gesuchten Tiere sind Fantasietiere und die Beschreibungen der Tiere sind alle ausgedacht.
Auch andere Informationen im Internet müssen nicht stimmen.
Doch wie findet man heraus, welche Informationen richtig sind? Das ist gar nicht so leicht.
Du musst dabei mehrere Dinge beachten.

Aufgabe 2

Die Anleitung zum sicheren Surfen ist durcheinandergeraten. Schneide die Kästen aus und klebe sie in der richtigen Reihenfolge auf ein Blatt Papier.

... den Suchmaschinen für Jugendliche nicht die gewünschte Informationen finde, kann ich auch mit Google suchen. Ich schaue nach, ...

... ich die Information, indem ich Sie mit den Inhalten anderer Internetseiten vergleiche. Ich kontrolliere, ob es Widersprüche gibt. Sollte mir Informationen immer noch ...

Zuerst suche ich auf mehreren Suchmaschinen für Jugendliche wie www.helles-koepfchen.de, denn ...

... ob auf der gefundene Seite der Autor des Textes und ein Veröffentlichungsdatum steht. Vielleicht ist die ...

... hier haben erfahrene Menschen vorher überprüft, ob alle Informationen stimmen. Wenn ich auf ...

... Information auf der Seite veraltet. Natürlich schaue ich auch nach, ob der Autor Quellen wie Bücher, Zeitschriften oder andere Internetseiten angeben hat. Dann überprüfe ...

... komisch vorkommen, vergleiche ich das Gefundene mit den Informationen aus Büchern oder einem Lexikon.

... ob es ein Impressum gibt und ob ich den Autoren der Seite anschreiben kann. Ich schaue zusätzlich nach, ...

Training 20

Texte und Bilder aus dem Internet nutzen (1)

Stelle dir vor, jemand schreibt immer deine Hausaufgaben ab, an denen du sehr lange gearbeitet hast. Oder du hast eine tolle Idee und jemand klaut diese und gibt sie als seine aus. Das ärgert dich doch sicher, oder?
Genauso ist es auch im Internet. Viele Menschen haben selbst erstellte Texte, Fotos oder Videos ins Internet gestellt. Von diesen Werken sind sie die Erfinder, die sogenannten „Urheber“. Sie wollen nicht, dass man diese Werke einfach ungefragt kopiert und weiter verwendet. Damit die Werke dieser Urheber geschützt werden können, gibt es das sogenannte „Urheberrecht“. Wenn du gegen das Recht verstößt, ist das geistiger Diebstahl und sogar verboten. Damit das nicht passiert, musst du einige Regeln beachten.

Aufgabe 1

Die wichtigsten Regeln sind leider durcheinandergeraten. Schreibe die Sätze richtig auf.

① anschauen, anhören | oder zum Lernen | Fremde Texte, Bilder, Musik und Videos | nutzen. | darf ich nur

② Musik oder Videos | auf andere Internetseiten kopieren. | nicht verkaufen oder | Ich darf fremde Texte, Bilder,

③ aus dem Internet | verwende, mache ich | Wenn ich eine kleine Textstelle | eine Quellenangabe. | für eine Hausaufgabe

④ indem ich die vollständige Internetadresse | unter die kopierte Textstelle | Eine Quellenangabe mache ich, | schreibe.

⑤ oder einen ganzen Aufsatz | Urheber des Textes | für die Schule verwenden, | Möchte ich eine längere Textstelle | um Erlaubnis. | frage ich erst den

Texte und Bilder aus dem Internet nutzen (2)

Aufgabe 2

Auf www.internet-abc.de erfährst du noch weitere wichtige Dinge zum Urheberrecht, die du unbedingt beachten musst.

1. Gehe auf die Seite und klicke oben auf „Eddie“, den Pinguin.
2. Klicke auf der neuen Seite links auf „Wissen, wie's geht“.
3. Klicke dann auf der neuen Seite auf „Texte, Filme, Musik aus dem Netz – Was ist erlaubt?“.
4. Bearbeite die verschiedenen Stationen und löse die Aufgaben.

Aufgabe 3

Was ist erlaubt und was ist verboten?
Schreibe in der Tabelle auf, was du bei der Nutzung von Werken anderer beachten musst.

erlaubt	verboten

Aufgabe 4

Setzt euch in einer Tischgruppe zusammen und vergleicht eure Ergebnisse.
Sprecht darüber, wenn ihr Unterschiede feststellt.

Dritte Prüfung

1. Erstelle einen kurzen Text zu deinem Lieblingsstar. Dieser soll deine Mitschüler über diese Person informieren.
   Suche dazu nach wichtigen Informationen im Internet.
2. Füge Bilder in den Text ein. (Vergiss die Quellenangabe nicht!)
3. Gestalte den Text schön, sodass du eine ansprechende Seite hast.
4. Speichere den Text unter dem Namen „DEIN NAME Dritte Prüfung" in deinem Ordner ab.
5. Verschicke den Text als E-Mail.
6. Beantworte folgende Fragen:
   - Was sind Computer-Viren?

     ____

     ____

   - Was solltest du im Chat beachten?

     ____

     ____

     ____

     ____

   - Was ist beim Schreiben von E-Mails wichtig?

     ____

     ____

     ____

     ____

7. Rechne folgende Aufgabe mit dem Programm *Excel*:

   6 + 100 + 233 + 688 = ______________

Mein kleines Computer-Lexikon

von: ______________________________

PERSEN

chriftart ______________________

chriftgröße ______________________

hift ______________________

palte ______________________

eichern ______________________

trg ______________________

trg+C ______________________

trg+O ______________________

trg+P ______________________

trg+S ______________________

trg+X ______________________

ymbol ______________________

ymbolleiste ______________________

ynonym ______________________

Dokument ______________________

Doppelklick ______________________

E

E-Mail ______________________

E-Mail-Adresse ______________________

Enter ______________________

Excel ______________________

Explorer ______________________

F

F2 ______________________

Fenster ______________________

Festplatte ______________________

Feststelltaste ______________________

Firewall ______________________

Fußzeile ______________________

Mein kleines Computer-Lexikon

A

Alt+F4 ____________________

B

Backspace ____________________

Browser ____________________

Button ____________________

C

CD-ROM ____________________

Chat ____________________

ClipArt ____________________

Computer-Virus ____________________

Computer-Wurm ____________________

Cursor ____________________

D

Datei ____________________

Desktop ____________________

1

T

Tabelle ____________________

Taskleiste ____________________

Tastatur ____________________

Tastenkombination ____________________

Trojaner ____________________

U

Umschalttaste ____________________

W

Windows-Taste + E ____________________

Word ____________________

WordArt

www ____________________

Z

Zeile ____________________

Zellen ____________________

I

Internet ____________________

Internetadresse ____________________

K

klicken ____________________

Kontextmenü ____________________

Kopfzeile ____________________

L

Laufwerk ____________________

Links ____________________

M

markieren ____________________

Maus ____________________

Menüleiste ____________________

Monitor ____________________

Multifunktionsleiste ____________________

3

N

Netiquette ____________________

O

Office ____________________

Ordner ____________________

P

Paint ____________________

Papierkorb ____________________

Passwort ____________________

Posteingang ____________________

Programme ____________________

R

recherchieren ____________________

Registerkarten ____________________

Übersicht Training I

Name	Trainingsblätter																Prü-fung	Bemerkung
	1	2	3	4	5	6	7	8	9	10	11	12	13	14	15	16		
1.																		
2.																		
3.																		
4.																		
5.																		
6.																		
7.																		
8.																		
9.																		
10.																		
11.																		
12.																		
13.																		

Name	Trainingsblätter																Prüfung	Bemerkung
	1	2	3	4	5	6	7	8	9	10	11	12	13	14	15	16		
14.																		
15.																		
16.																		
17.																		
18.																		
19.																		
20.																		
21.																		
22.																		
23.																		
24.																		
25.																		
26.																		
27.																		

Übersicht Training II

Name	Trainingsblätter																														Prü-fung	Bemerkung
	1	2	3	4	5	6	7	8	9	10	11	12	13	14	15	16	17	18	19	20	21	22	23	24	25	26	27	28	29	30		
1.																																
2.																																
3.																																
4.																																
5.																																
6.																																
7.																																
8.																																
9.																																
10.																																
11.																																
12.																																
13.																																

Name	Trainingsblätter																														Prüfung	Bemerkung
	1	2	3	4	5	6	7	8	9	10	11	12	13	14	15	16	17	18	19	20	21	22	23	24	25	26	27	28	29	30		
14.																																
15.																																
16.																																
17.																																
18.																																
19.																																
20.																																
21.																																
22.																																
23.																																
24.																																
25.																																
26.																																
27.																																

Übersicht Training III

Name	Trainingsblätter																				Prüfung	Bemerkung
	1	2	3	4	5	6	7	8	9	10	11	12	13	14	15	16	17	18	19	20		
1.																						
2.																						
3.																						
4.																						
5.																						
6.																						
7.																						
8.																						
9.																						
10.																						
11.																						
12.																						
13.																						

Name	Trainingsblätter																				Prüfung	Bemerkung
	1	2	3	4	5	6	7	8	9	10	11	12	13	14	15	16	17	18	19	20		
14.																						
15.																						
16.																						
17.																						
18.																						
19.																						
20.																						
21.																						
22.																						
23.																						
24.																						
25.																						
26.																						
27.																						

Computer-Führerschein (blanko)

Du hast die Prüfung erfolgreich bestanden!

Herzlichen Glückwunsch!

Datum/Unterschrift

Du hast die Prüfung erfolgreich bestanden!

Herzlichen Glückwunsch!

Datum/Unterschrift

Computer-Führerschein (erste, zweite und dritte Prüfung)

Du hast die **erste Prüfung** bestanden!

Datum/Unterschrift

Du hast die **zweite Prüfung** bestanden!

Datum/Unterschrift

Du hast die **dritte Prüfung** bestanden!

Datum/Unterschrift

Du hast die **erste Prüfung** bestanden!

Datum/Unterschrift

Du hast die **zweite Prüfung** bestanden!

Datum/Unterschrift

Du hast die **dritte Prüfung** bestanden!

Datum/Unterschrift

Praktische Hinweise für die Lehrkräfte

Seite 60, Internet – Der Browser

www.helles-koepfchen.de	ja
www.google.de	ja
www.bing.de	ja
www.yahoo.de	ja
www.planet-beruf.de	ja
www.kanhello.de	nein

Seite 90, Sicherheit im Internet – Passwörter (1)

Sollte ein Schüler Ihnen das Passwort zeigen, verweisen Sie auf die Sicherheitsregel 5. Zusätzlich sollte der Schüler sich ein neues Passwort überlegen. Will der Schüler mit Verweis auf die Sicherheitsregel 5 sein Passwort nicht zeigen, ist das Lernziel erreicht.

Bildquellen

S. 7, 10, 11	Computer-Maus: © jackmicro – Fotolia.com
S. 7	PC: © vetkit – Fotolia.com
S. 7	Monitor: © jackmicro – Fotolia.com
S. 7	Tastatur: © ziprashantzi – istockphoto.com
S. 9	Laptop: © Okea – Fotolia.com
S. 27	Lupe: Fides Friedeberg
S. 28	Windows-Taste: gemeinfrei. http://commons.wikimedia.org/wiki/File:AltGr_Win_Menu_Ctrl_key.jpg?uselang=de
S. 30	Ordner: Eckart Breitschuh
S. 46	Papier: Jennifer Sprey
S. 47	Drucker1: © sonnne Fleckl – Fotolia.com
S. 50	Drucker2: Ingrid Hecht
S. 61	Handcursor: © Tomasz Rzymkiewicz – Fotolia.com
S. 63	Bildschirm: Mele Brink
S. 64	Internet-Explorer: gemeinfrei. http://commons.wikimedia.org/wiki/File:Internet_Explorer_10_logo.svg?uselang=de
S. 66	Mozilla Firefox: Mozilla Public License Version 2. http://commons.wikimedia.org/wiki/File:Mozilla_Firefox_logo_2013.png?uselang=de
S. 68	Safari: © Mikepanhu/Wikimedia Commons. Diese Datei ist unter der Creative Commons-Lizenz Namensnennung-Weitergabe unter gleichen Bedingungen 3.0 Unported lizenziert. http://commons.wikimedia.org/wiki/File:Web_Safari_Icon.png?uselang
S. 75	Thermometer: Mele Brink
S. 81	Mona Lisa: Gemeinfrei. http://commons.wikimedia.org/wiki/File:Mona_Lisa.jpg?uselang=de
S. 99	Browser-Adressfeld: © jamdesign – Fotolia.com

Linktipps – allgemein

http://www.sicher-online-gehen.de/
Informationen über Schutzmöglichkeiten im Internet sowie Linktipps zu speziellen Seiten für Kinder und Jugendliche

http://www.klicksafe.de/
viele Tipps, Materialien und Links; Ziel ist die Förderung der Medienkompetenz von Kindern und Jugendlichen

Linktipps – Motorik-Übungen

http://www.uni-ulm.de/LiLL/maus/Eingang.htm
grundlegende Übungen zur Benutzung und zu den Einstellungen der Maus

http://training.kompetenzz.net/maustraining/maus_uebungen/inhalt.htm
einfache Übungen zur Benutzung der Maus

http://www.toniklix.de/
spielerische Übungen zur Benutzung der Maus

Linktipps – Suchmaschinen für Kinder und Jugendliche

http://www.fragfinn.de/kinderliste.html
Suchmaschine und Portal mit Linktipps für Kinder und Jugendliche

http://www.blinde-kuh.de/
Dies ist die älteste Suchmaschine für Kinder. Die Suchtreffer in der Ergebnisliste wurden redaktionell geprüft und sind für Kinder (und jüngere Teenager) geeignet.

http://www.helles-koepfchen.de/
Suchmaschine für Kinder, die redaktionell betreut wird

http://www.loopilino.com
werbefreie und geprüfte Suchmaschine für Kinder

Jederzeit optimal vorbereitet in den Unterricht?